普 通 高 等 职 业 教 育 规 划 教 材

21世纪卓越汽车应用型人才培养专用教材　总主编　邹晓东

汽车传动系统故障诊断与维修

组　编　中锐教育研究院

主　编　朱玉合　吴建刚

同济大学出版社
TONGJI UNIVERSITY PRESS

内 容 提 要

本书根据德国工商大会(IHK)教学模式和教学标准，结合中国汽车企业人才需求标准，将引进的德国汽车技术服务类课程经过本地化改编而成。内容组织上以工作过程系统化为导向，以学习情境为教学单元，将工作过程系统地映射到教学过程中。通过完成学习情境中设定的任务和项目，采用知识链接、制定方案、实施方案、检查评估等教学环节达到培养学生专业能力、个人能力、社会能力的教学目标。

本书是中锐华汽教育推出的汽车技术服务类课程系列教材的第5个学习领域《汽车传动系统故障诊断与维修》。全书共分为4个学习情境，包括4个任务，14个项目，共56课时。内容包括万向传动装置故障诊断与维修，离合器系统故障诊断与维修，手动变速器故障诊断与维修，驱动桥故障诊断与维修等。

本书适合高等职业院校汽车技术服务类专业课堂教学之用，随本书配套有相应的电子版教学资源文件包，可供广大师生教学和学习使用。

图书在版编目(CIP)数据

汽车传动系统故障诊断与维修/朱玉合，吴建刚主编.
--上海：同济大学出版社，2014.1 (2017.7重印)
ISBN 978-7-5608-5389-5

Ⅰ.①汽… Ⅱ.①朱…②吴… Ⅲ.①汽车—传动系—故障诊断—高等职业教育—教材②汽车—传动系—车辆修理—高等职业教育—教材 Ⅳ.①U472.41

中国版本图书馆CIP数据核字(2013)第319047号

普通高等职业教育规划教材
21世纪卓越汽车应用型人才培养专用教材　总主编　邹晓东

汽车传动系统故障诊断与维修

组编　中锐教育研究院　**主编**　朱玉合　吴建刚

责任编辑　陈佳蔚　**责任校对**　徐春莲　**封面设计**　王　璐　**项目执行**　陈佳蔚　王　璐

出版发行　同济大学出版社(www.tongjipress.com.cn　地址：上海市四平路1239号
邮编 200092　电话 021-65985622)
经　销　全国各地新华书店
印　刷　常熟大宏印刷有限公司
开　本　889 mm×1 194 mm　1/16
印　张　8.25
印　数　4001-5500
字　数　264 000
版　次　2014年1月第1版　2017年7月第4次印刷
书　号　ISBN 978-7-5608-5389-5

定　价　28.00元

序(一)

职业教育与普通教育的显著差别,在于职业教育是一种跨界的教育。职业教育所具有的这一跨界特征,集中表现在如下三个方面:

其一,校企合作的办学模式,跨越了传统的只有学校一个学习地点的围城,由此,职业教育既要关注学校教育的规律,还要关注企业教育的规律;

其二,工学结合的人才培养,跨越了传统的只有课堂一种学习方式的视域,由此,职业教育既要关注基于认知的学习方式,又要关注基于工作的学习方式;

其三,职业教育的培养目标,跨越了传统的只有教育一种社会功能的范畴,由此,职业教育既要关注教书育人张扬个性的教育目标,又要关注服务经济社会发展的目标。

纵观世界,凡是职业教育比较发达的国家,例如,德国、瑞士的"双元制"职业教育、澳大利亚的"技术与继续教育"等,正是由于其遵循了这一跨界的基本规律,都为各自国家经济、社会的发展,提供了大批高质量、高素质的技能人才,使得职业教育成为国家核心竞争力的要素。

任何类型的教育,课程始终是人才培养的核心。跨界的职业教育,其课程也必然要遵循跨界的基本规律。20世纪末,德国"双元制"职业教育对课程进行了全方位的改革,提出了被称为"学习领域"的课程方案。这是在对传统的、基于知识存储的学科系统指向的课程的革命性突破的基础之上,所提出的一种现代的、基于知识应用的工作过程导向的课程。

德国职业教育发展的这一宝贵经验,为中国职业教育的改革提供了学习和借鉴的参照。伴随着中国改革开放30多年的进程,中国职业教育如何才能为国家现代化建设培养大批既能满足经济发展需要,又能满足个性发展需要的高素质技能人才呢?为此,我国职业教育战线的有识之士,紧密结合国情,对此进行了卓有成效的探索。近十多年来,随着德国基于工作过程的学习领域课程的引入,也引发了我们对职业教育课程本质的思考:要实现企业需求与个性发展的集成,进而实现职业性与教育性的结合,一方面要求课程改革必须从知识的存储为主转向知识的应用为主;另一方面,还要求学习国外的经验必须从简单照搬转向借鉴创新。近年来,在课程改革的过程中,我们通过融入中国哲学思想的本土化尝试,在德国工作过程导向的课程方案的基础上,提出了工作过程系统化的课程方案,从而在理论创新和实践探索方面,都取得了较大的成效。

所谓工作过程系统化课程,其本质在于:第一,课程体系的构建必须遵循职业成长的规律和认知学习的规律,要把功利性的需求与人本性的发展结合起来;课程体系中的每一门课程,都是一个经过教育学的"模式化处理"的、源于实践而高于实践的完整的工作过程,课程名称采用动宾结构的词组而非纯名词的词组,以突显职业教育的特征;第二,每门课程的设计必须由三个以上的学习情境构成,旨在通过基于同一范畴的三个以上工作过程的比较学习,使学生通过"比较—迁移—内化"的学习过程,获得思维方式的训练,以获得可持续发展的能力。在这里,学习情境的设计还要遵循两个重要原则：一是学习情境的设计必须具备典型的工作过程特征，即要突显不同职业在工作的对象、内容、手段、组织、产品和环境等六个要素的特征，这是对已经存在的、与职业相关的具体工作过程的映射与把握，旨在使学生获得从业的职业能力；二是学习情境的设计还必须实现完整的思维过程训练，即要完成逐步增强的所谓资讯、决策、计划、实施、检查、评价的“六阶段”训练，这是对指导一切具体工作过程的“工作过程”——思维工作过程的概括与抽象，以应对未知的职业具体工作过程，旨在使学生获得致力于自身发展的方法论能力。

令人欣慰的是，近年来，工作过程系统化课程已逐渐为广大职业院校所认同。职业教育的课程，已逐渐摆脱传统的学科结构系统化课程的束缚，向着更加符合职业教育规律的工作过程系统化课程的改革方向前行。而更加令人高兴的是，除了教育部门的职业院校和经济部门的行业企业，在职业教育受到越来越多的社会各界重视和关注的同时，国内的一些教育集团或公司，更是对职业教育注入了极大的热情，并身体力行，在职业教育的课程开发和教学软件等方面，做出了很大贡献。

其中，致力于职业教育投资、管理和服务的中锐集团公司，就是众多成绩和效果都比较突出的公司中的一个。中锐集团公司顺应市场需求，以汽车职业教育为龙头，与国内40多所高校共建汽车职业教育汽车学院与实训基地，并结合国内汽车企业相关岗位的用人标准及国内高职院校的实际情况，在参照德国“工作过程导向”的学习领域课程方案的基础上，根据我国自行开发的工作过程系统化课程的理论创新和设计思路，编写了一套相关教材。

例如，“汽车检测与维修专业”，首先，在课程体系的开发方面，设置了17个学习领域。这17个学习领域课程被分为三个学习阶段：第一阶段以学习汽车维护保养和机械结构检修为主，第二阶段以学习汽车电控系统检修为主，第三阶段以学习汽车综合故障诊断和整车性能检测为主。这样的递进安排遵循了由浅入深、由简单到复杂、由经验到策略的技能成长规律；其次，在每门课程的开发方面，又为每一学习领域设置了三个以上的学习情境，每一学习情境又都是一个完整的工作过程，遵循比较—迁移—内化的学习规律。

在逻辑上，这些学习情境之间具有平行、递进和包容等关系。比如，“汽油发动机管理系统故障诊断与维修”学习领域，设置了“空气供给系统检修”、“燃油供给系统检修”、“点火系统检修”、“排放系统检修”、“综合故障检修”等5个学习情境，前4个学习情境之间为并列关系，第5个情境与前4个情境为包容关系。每一学习情境的内部结构，也是按照完整的工作过程序化的，如在“空气供给系统检修”这个学习情境中，根据故障检修的实际工作顺序，又分为“空气流量计的检修”、“进气压力传感器的检修”、“节气门体的检修”三个阶段性的任务。

由于课程设计始终遵循“操作步骤重复而内容不重复”的工作过程系统化原则，通过对5个学习情境所体现的检修工作过程的比较，不仅能使学生把握“空气供给系统检修”的具体工作过程，而且能逐渐把握“资讯、决策、计划、实施、检查、评价”的思维工作过程。其中，在“资讯”环节给出汽修行业操作规范的共性的操作步骤；在“计划”和“实施”环节，要求学生结合在教学中使用的多种不同实训车型，制定出差异化的工作计划并实施；然后通过对不同实训车型的重复多次的操作，不仅可使学生达到职业要求的熟练操作程度，而且又通过对不同实训车型制定不同实施方案的比较学习，有利于培养学生应对同一工作过程中出现的不同情况而采用不同处理方法的能力，最终实现由经验型技能向策略型技能的跃迁。

中锐教育集团在研发这套教材的同时，还开发出了配套的教学设备和教学软件，实现了课程教材、教学设备、教学软件三个教学元素的一体化。这就使得职业教育的课程开发、教学实施，获得了相关教学资源的支撑。

总之，这套教材不仅引入了德国的“双元制”职业教育理念，而且结合了中国汽车行业对人才的需求和岗位要求，体现和反映了中国汽车行业的一些特点。

真诚希望中锐教育集团公司这套教材的出版，能对我国汽车职业教育的教学改革和创新有所裨益，也期待有更多的教育公司等社会机构，参加和参与职业教育。

同样，祈望各位读者朋友们，也能对这套教材提出宝贵的意见和建议。

升级版的中国经济发展，呼唤着升级版的职业教育，让我们为之奋斗吧！

（教育部职业技术教育中心研究所研究员）

2013 年 7 月 20 日

Vorwort

Gerne komme ich der herzlichen Einladung der Chiway Education Group Shanghai nach, dieses Vorwort zu verfassen.

Bereit seit Jahren verfolge ich äußerst interessiert die Entwicklung der Chiway Education Group Shanghai im Bereich der beruflichen Bildung. Dabei beindruckt mich insbesondere ein derzeit laufendes, innovatives Berufsbildungsmodell, das sich durch die Kooperation zwischen Industrie und Schule auszeichnet.

Der Austausch und die Kooperation zwischen China und Deutschland im Bereich der beruflichen Bildung entwickeln in einer sehr positiven Art in schnellen Schritten immer weiter. Die AHK widmet sich dabei intensiv dem Transfer dualer Prinzipien des bewährten deutschen Systems der dualen Berufsausbildung nach China.

Nach mehrjährigen Erfahrungen bei der Übertragung und Durchführen wurde immer klarer, dass wir in China andere Voraussetzungen als in Deutschland vorfinden. Daher kann und darf das deutsche System der dualen Berufsausbildung nicht einfach kopiert werden.

Jedoch hat die Idee der dualen Berufsausbildung in China bereits fruchtbaren Boden gefunden um sich weiter zu entwickeln und alle beteiligten Parteien wie berufliche Schulen, Berufsbildungsgruppen und Unternehmenkönnen davon profitieren.

Chiway, als eine markführende Berufsbildungsgruppe hat bereits viele interessante Erfahrungen mit dem Berufsbildungsmodell gesammelt und konnte dadurch große Erfolge erzielen. Bildungsaktivitäten wie Curriculum Entwicklung, Unterricht, Zusammenstellung der Lehrbücher, Einführen der praktischen bzw. betrieblichen Ausbildung seien hier beispielhaft angeführt.

Durch den Aufbau einer strategischen Kooperationspartnerschaft mit der AHK stärkt Chiway zugleich die Kooperation und den Austausch mit Deutschland im Bereich der beruflichen Bildung.

In Deutschland benutzt man eine Vielzahl von Lernmaterialien, unter anderem sollen die Schüler Arbeitsaufträge erledigen und Arbeitsblätter bearbeiten. Bereits in die Unterrichtsvorbereitung muss der Lehrer viel Arbeit und pädagogisches Geschick legen. Im Unterricht werden die Schüler arbeitsprozessorientiertherangeführt Arbeitsblätter zu bearbeiten, Arbeitsaufträge zu erledigen, und Projekte selbstständig durchzuführen. Hierdurch stehen die Schüler im Unterricht im Mittelpunkt und werden zum aktiven Lernen motiviert.

Die Situationen in Deutschland sind anders als in China, auch der Markt in Deutschland ist anders, d.h. der Markt in Deutschland dafür reifer als in China. Die deutschen Arbeitsaufträge oder Arbeitsblätter einfach unverändert in chinesische Lehrbücher zu übernehmen kann sicherlich nicht erfolgreich sein. Daher hat Chiway die deutschen Ideen zur dualen Berufsbildung, die vom Ausbildungsumfeld und den betrieblichen Bedürfnissen ausgehen aufgegriffen und innovativ auf die chinesischen Verhältnisse angepasst.

Die praxisorientierte Durchführung der Berufsausbildung durch Chiway bringt uns viele wertvolle Erfahrungen beim Transfer der deutschen Berufsbildung nach China. Die innovative Entwicklung der chinesisch en Berufsbildung wird davon profitieren und sich auszahlen.

Ich wünsche Chiway weiterhin viel Erfolg im Bereich der beruflichen Bildung.

Britta Buschfeld

2013.7

序(二)

应上海中锐教育集团盛情之邀，为这套教材作序。实际上近些年个人一直在关注中锐的职业教育工作，吸引我的是其正在实践和创新的产教合作职教模式。

中德之间在职业教育领域的交流和合作一直在蓬勃进行当中，德国工商会也一直致力于把德国的职业教育体系双元制原则引入到中国。经过不断地尝试和实践，我们发现，中国与德国国情不同，无法照搬照抄德国双元制职业教育体系，但双元制的职业教育理念在中国获得了丰富的土壤，职业院校、职教集团、用人企业都获益匪浅。中锐作为一家领先的职业教育集团，在职业教育模式上做了很多有趣的尝试并获得了很大的成果，其中就包括在课程开发、教学、教材编写、学生实习实训等教育活动中引入德国的双元制职业教育理念。同时，中锐也通过与德国工商大会上海代表处建立战略合作关系加强了与德国职业教育领域的合作和交流。

实际上，原汁原味的德国职教模式在教学中使用多种素材，其中包括项目单或工作页，教师在课堂下做足工夫，课堂上按照项目教学法及面向工作过程教学法引导学生完成项目单或工作页内容的填写，充分发挥学生在教学中的主体作用，调动学生学习的主动性和积极性。中国与德国国情不同，汽车市场的发育成熟度也不一样，在教材内容的选择上，简单照搬德国项目单或工作页上的内容显然是行不通的。对此，中锐在引进和吸收德国职业教育的思想和理念基础上，根据教学环境、企业需求等实际情况进行了本土化的创新。

中锐的职教实践为我们总结出了很多值得借鉴的德国职教模式中国本土化的宝贵经验。中国职业教育的创新发展必能从中获益。

祝愿中锐教育集团在职业教育领域再创辉煌！

Britta Buschfeld

（德国工商大会 职业培训与教育总监）

2013 年 7 月

前　言

1898年，雷诺将三轮汽车改装成四轮微型汽车，并将万向节和传动轴齿轮第一次装上汽车。正因为万向节的发明，才有了今天的前置后驱动，后置前驱动汽车，它标志着汽车传动技术走向成熟。

本领域是中锐华汽教育推出的汽车技术服务类课程17个学习领域中的第5个学习领域，一共56课时，其中理论16课时，实训40课时。内容包括万向传动装置故障诊断与维修，离合器系统故障诊断与维修，手动变速器故障诊断与维修，驱动桥故障诊断与维修等。通过本领域的学习能够为后续的《汽车自动变速器故障诊断与维修》、《汽车性能检测》、《汽车综合故障诊断与维修》等领域的学习打下坚实的基础。

本领域主要以上海大众桑塔纳乘用车为例，不对汽车的各系统及零部件的工作原理做深入、细致讲解，主要任务是要求学生能够根据各系统总成中各零部件的名称在汽车上找到安装位置，并能够说明其作用和功能；能够对汽车传动系统每个部件进行初步的认识和了解；能够对汽车传动系统有一个整体的认知，破除对汽车的神秘感。

考虑到各院校及个人所使用的实训车辆不同，教材中并没有详细介绍拆装方法，而是不断引导学习者使用实训车辆的维修手册，将所查到的数据及个人经验记录在本教材项目单中。而且可以培养学习者在工作中进行查阅、记录的良好习惯。本领域所使用的实施车辆为目前市场常见的上海大众桑塔纳、长安微型面包车等，其拆装方法及结构原理具有很强的代表性。所涉及的专用工具也尽量以在市场上普及为原则，从而能够满足众多汽车高职院校的需求。

本领域通过情境导入、知识链接、制定方案、实施、检查与评估、课后作业等环节。其中，知识链接为后续的制定方案、实施、评估等环节的开展奠定理论基础，做好相应知识储备；制定方案是根据知识链接中的理论指导，对需要完成的项目进行整体规划和安排，并给学生布置相应的任务；实施环节则是整个教学过程的核心，是让学生根据制定的方案一步步完成实际操作，并记录操作过程和操作结果；检查与评估等环节是在整个任务完成后，先由学生对自己所完成的实施过程和结果进行自我检查，以发现和认识实施过程中的不足和漏洞，然后由教师对学生的实施情况进行综合评估；最后通过课后作业的形式，让学生对课堂上所制定并实施的方案进行进一步完善，以达到查漏补缺、举一反三和拓宽知识面的目的。

本书由朱玉合和吴建刚担任主编。在本书的编写过程中,教育部机械行指委主任陈晓明、上海AHK白丽塔(Britta Buschfeld)等给予了指导并提出了许多宝贵意见,在此深表感谢。

由于编者水平和能力有限,书中难免会出现一些错误,敬请广大师生谅解和批评!

编　者

2014年1月

目　录

学习情境 1　万向传动装置故障诊断与维修

学习目标

1. 能够完成半轴总成的更换；
2. 能够完成万向节的保养

情境导入

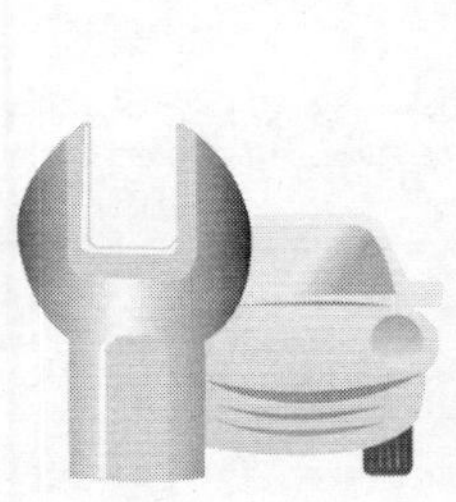

车　　型：大众桑塔纳 1.8 L，装备 JV 发动机，五速手动变速器；
行驶里程：38 万 km；
出厂时间：2002 年 9 月。
故障现象：

客户反映此车在起步、加速或减速时出现撞击声响；汽车在行驶过程中，特别是在低速行驶时左前方有异常响声出现，根据客户要求进行检查，确定故障并予以修复

任务　检修万向传动装置

任务描述

一、学习目标

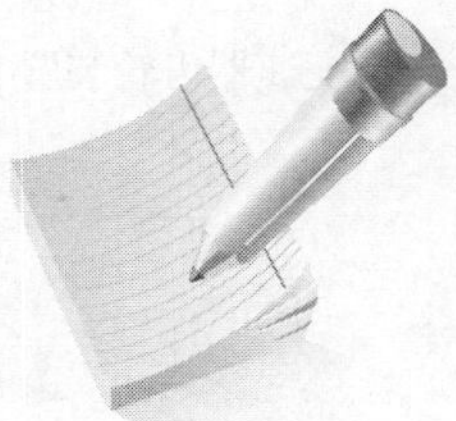	1. 能够完成半轴总成的拆装； 2. 能够完成万向节的保养

二、学习内容

	1. 更换半轴总成； 2. 保养万向节

项目1　更换半轴总成

一、知识链接

1. 汽车传动系统的组成

汽车传动系统一般由离合器、变速器、万向传动装置、主减速器、差速器和半轴等组成。汽车传动系统的布置型式比较常见的有前置前驱和前置后驱，如图1-1所示。

2. 万向传动装置

万向传动装置用来实现变角度的动力传递。一般由传动轴和万向节组成。当发动机前置后驱或者发动机后置前驱的车辆传动距离较长，还要加装中间支承，如图1-2所示。

汽车上广泛采用万向传动装置传递动力。一般安装在以下位置：

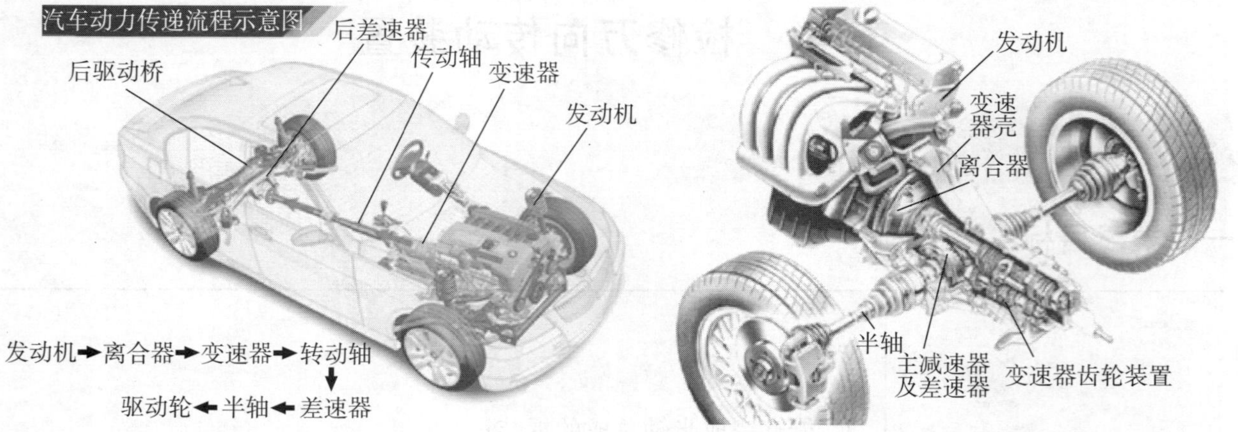

图 1-1　汽车传动系统的组成

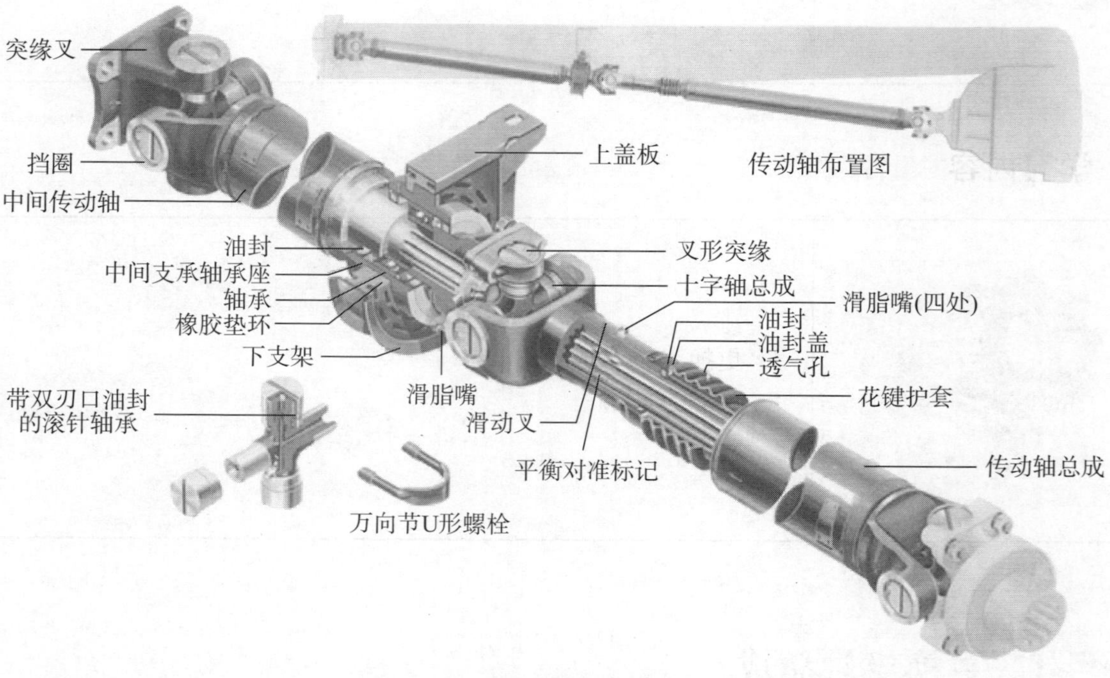

图 1-2　汽车中间传动轴结构图

(1) 变速器(或分动器)与驱动桥之间;

(2) 变速器与离合器或与分动器之间;

(3) 转向驱动桥和断开式驱动桥中;

(4) 转向操纵机构中。

注意:对于大部分前置前驱的乘用车来说一般都采用变速驱动桥,即把变速器和驱动桥装在一个壳体中,所以没有中间传动轴,而只有半轴,如图 1-3 所示。

3. 大众桑塔纳半轴拆装

大众桑塔纳传动轴拆装的主要步骤,如图 1-4—图 1-6 所示。

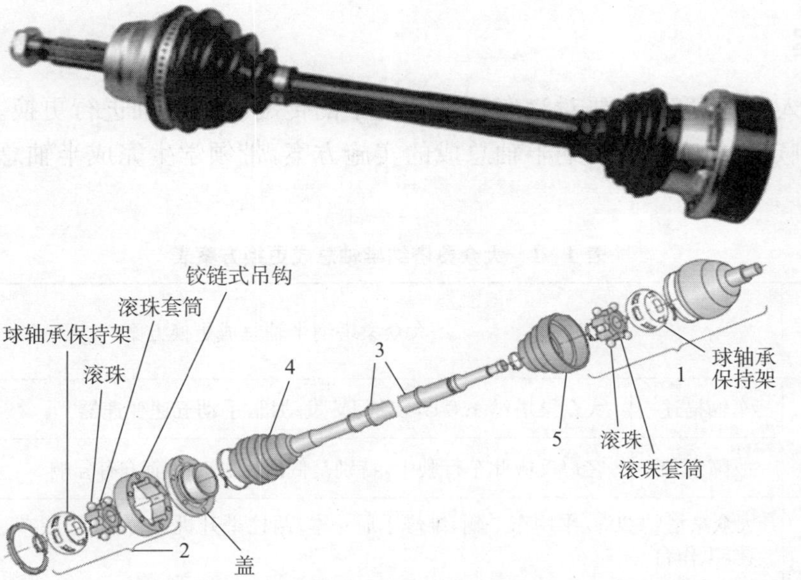

图 1－3　汽车半轴结构图

旋下传动轴上轮毂的紧固螺母(车轮着地)

图 1－4　拆卸轮毂固定螺母

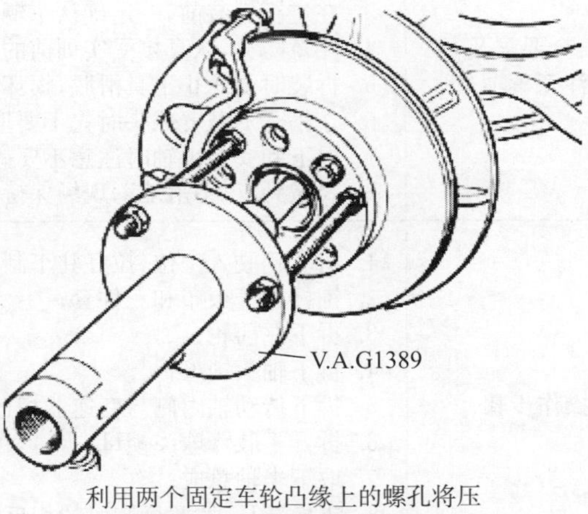

利用两个固定车轮凸缘上的螺孔将压力装置V.A.G1389固定到轮毂上

图 1－5　使用工具压入半轴

① 旋下传动轴螺栓(如箭头所示)；
② 将传动轴与法兰分开；
③ 从车轮轴承壳内拆出传动组

图 1－6　拆卸传动轴与法兰固定螺栓

二、制定方案

根据情境导入中的案例,需要对汽车传动系统中的传动轴或半轴进行更换。教师在组织教学的过程中,根据制定更换大众桑塔纳半轴总成的实施方案,带领学生完成半轴总成的更换工作,如表1-1所示。

表1-1　大众桑塔纳半轴总成更换方案表

	大众桑塔纳半轴总成更换方案	
车辆信息描述	车辆描述	大众桑塔纳1.8 L,装备JV发动机,手动五速变速器
	故障现象	客户反应此车行驶中,特别是低速行驶时左前方有异响
设备/工具/耗材	大众桑塔纳2000乘用车一辆,维修手册一本,两柱举升机1台,翼子板布一套,三件套,拆装工具,工作台	
安全要求及注意事项	1. 注意人身和车辆设备安全; 2. 特别注意车辆举升后车下作业人员的人身安全; 3. 在进行拆装前,一定确认车辆支撑可靠,支撑点位置正确; 4. 注意防火,认真接受实训前的安全知识教育; 5. 拆装时要防止工具滑脱,损坏工具或螺栓,甚至伤及人身安全; 6. 在松开下肢臂球头时先不要取下螺母,以避免碰伤螺纹; 7. 取下和安装半轴时注意不要碰伤防尘套; 8. 要做到“三不落地”、现场保持5S标准	
操作步骤	1. 将车辆驶入工位,拉好驻车制动,用举升机将车辆支撑好; 2. 铺好翼子板布和三件套; 3. 拆下左前轮; 4. 拆下轴头锁母; 5. 拆下传动轴内侧与变速器相连的法兰盘联接螺栓; 6. 拆开下肢臂球头锁母; 7. 取下半轴总成; 8. 更换新品,按照拆卸时的相反顺序装回; 9. 检验、整理现场、完成工作	

教师对学生进行分组,每组选出一个小组长,小组长根据小组成员任务分工不同,确定不同任务的责任人。小组成员任务的划分可以参考下面的小组任务分配表,如表1-2所示。

表1-2　小组任务分配表

	小组任务	个人职责(任务)	小组成员
1	设备管理	主要负责举升机的操作	
2	工具管理	主要负责工具管理与清洁	
3	零部件管理	主要负责拆下的螺栓、零部件的整齐摆放与清洁	
4	车轮的拆装	负责车轮的拆装	
5	轴头锁母的拆装	负责锁母的拆装	

（续表）

	小组任务	个人职责（任务）	小组成员
6	半轴内侧法兰盘联接螺栓的拆装	负责螺栓的拆装	
7	下肢臂球头锁母的拆装	负责锁母的拆装	
8	半轴的取下与安装	负责半轴取下与安装	

实训中如果没有该车型，可以参考大众桑塔纳半轴总成更换方案表，并查阅该实训车型的维修手册，制定出该车型半轴总成更换方案，如表1－3所示。

表1－3　半轴总成更换方案表

	________乘用车半轴总成更换方案	
车辆信息描述	车辆描述	
	故障现象	
设备/工具/耗材		
安全要求及注意事项		
操作步骤		

三、实施

依据制定方案实施，并填写项目单，如表1－4所示。

表 1-4　实训结果项目表

请看图回答下列问题

部件名称	检查内容	检查结果
半轴	弯曲、变形、锈蚀、碰伤、完好	
防尘套卡箍	变形、断裂、完好	
内球笼防尘套	破损、老化、漏油、完好	
外球笼防尘套	破损、老化、漏油、完好	

1. 车轮紧固螺栓的规格是多少？ 2. 单个车轮的固定螺栓数量？	
3. 半轴内侧法兰盘连接螺栓数量？ 4. 所用拆装工具是什么型号？	
5. 拆装轴头锁母所用工具型号？ 6. 拆装下肢臂球头锁母所用工具型号？	

四、作业

1. 通过实训后完善本任务的实施方案。

2. 填写出图 1-3 中数字 1～5 所代表的部件名称。

五、知识拓展

后置后驱—RR：后置后驱的车辆目前较多的使用在跑车上，如保时捷 911、奥迪 R8 等。后置后驱即发动机后置、后轮驱动，如图 1-7 所示。

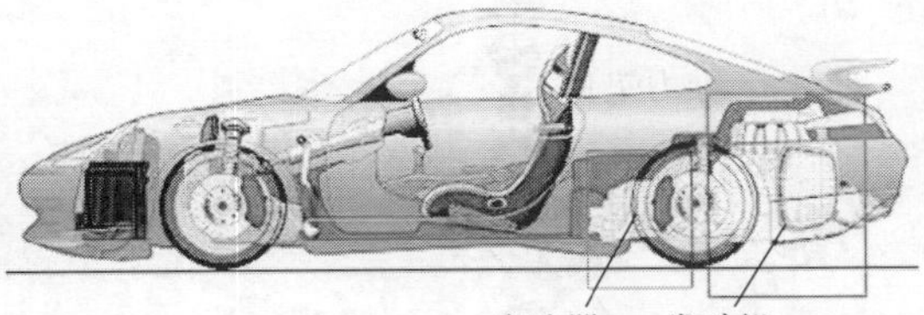

图1-7　汽车后置后驱示意图

项目2　保养万向节

一、知识链接

1. 汽车万向节的组成与分类

万向节是万向传动装置中实现变角度传动的主要部件，主要分为刚性万向节和挠性万向节。

1) 刚性万向节

(1) 不等速万向节

不等速万向节(十字轴式等)，如图1-8所示。

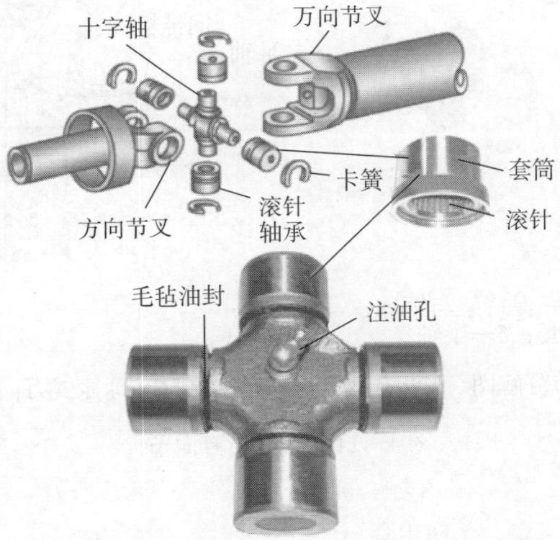

图1-8　十字轴式万向节

(2) 准等速万向节

准等速万向节(双联式、三销轴式等)，如图1-9、图1-10所示。

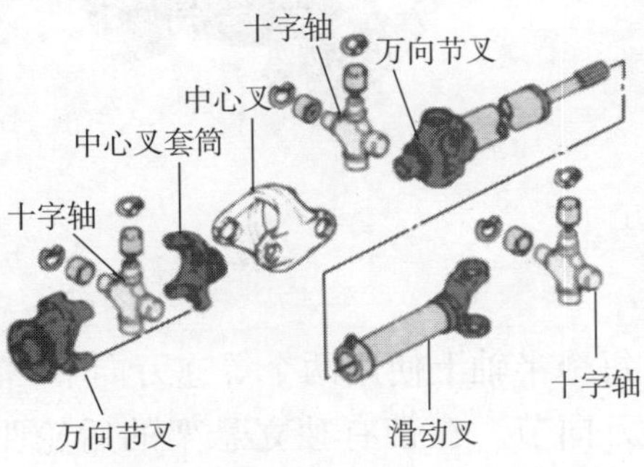

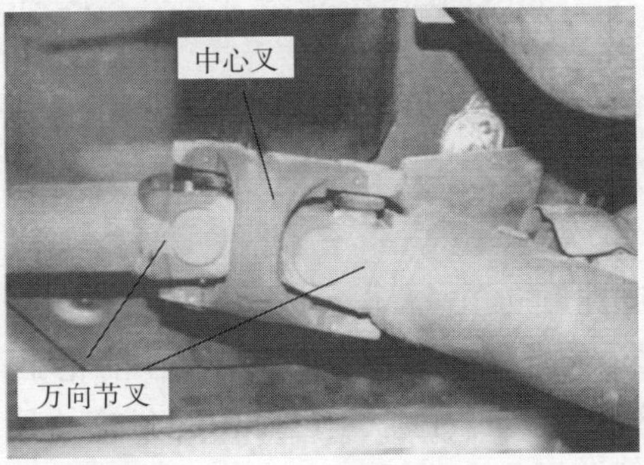

图1-9　双联式万向节

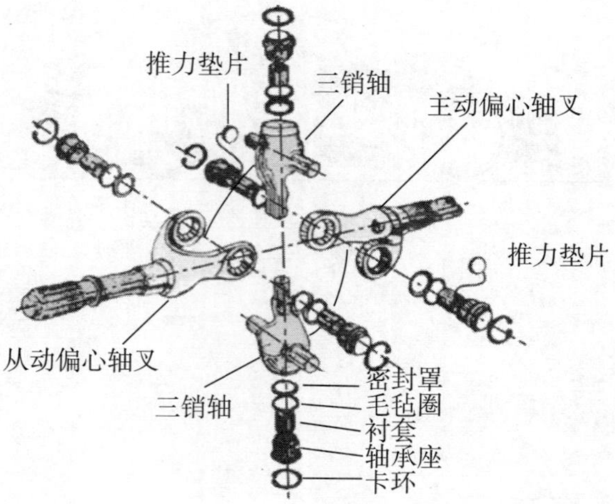

图 1-10　三销轴式万向节

(3) 等速万向节

等速万向节(球笼式、三球销式等),如图 1-11、图 1-12 所示。

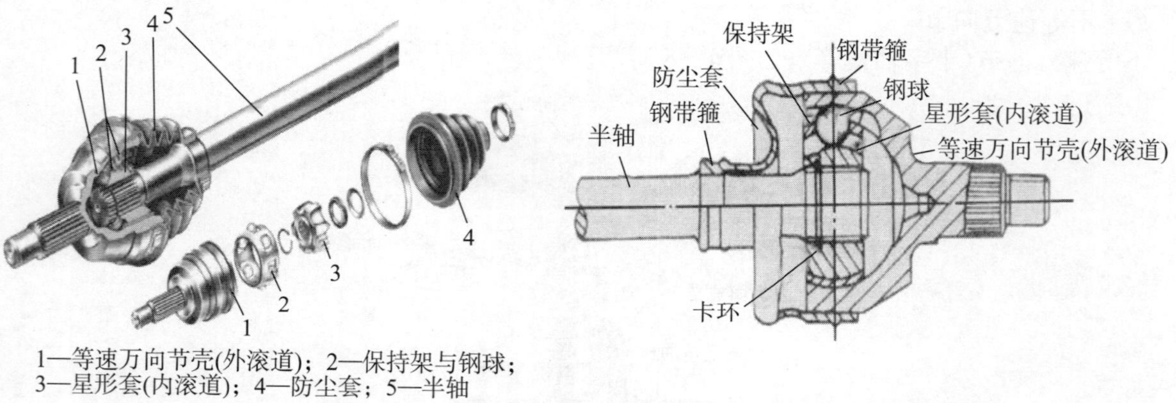

1—等速万向节壳(外滚道); 2—保持架与钢球;
3—星形套(内滚道); 4—防尘套; 5—半轴

(a) 球笼式万向节分解图　　(b) 球笼式万向节内部构造

图 1-11　球笼式万向节

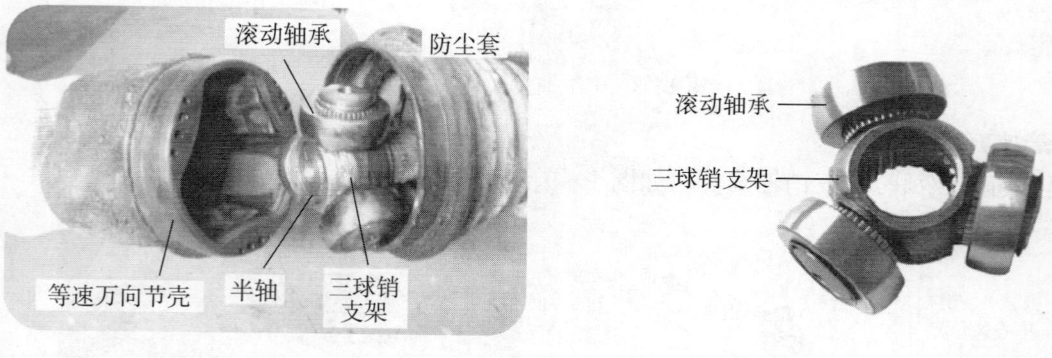

图 1-12　三球销式万向节

2) 挠性万向节

挠性万向节,如图 1-13 所示。在前轮驱动系统中,每个半轴上使用两个等速万向节,靠近变速驱动桥的称为半轴内侧万向节,靠近车轮的是半轴外侧万向节。在带有独立悬架的后轮驱动车辆上,靠近差速器的万向节也可称为半轴内侧万向节。

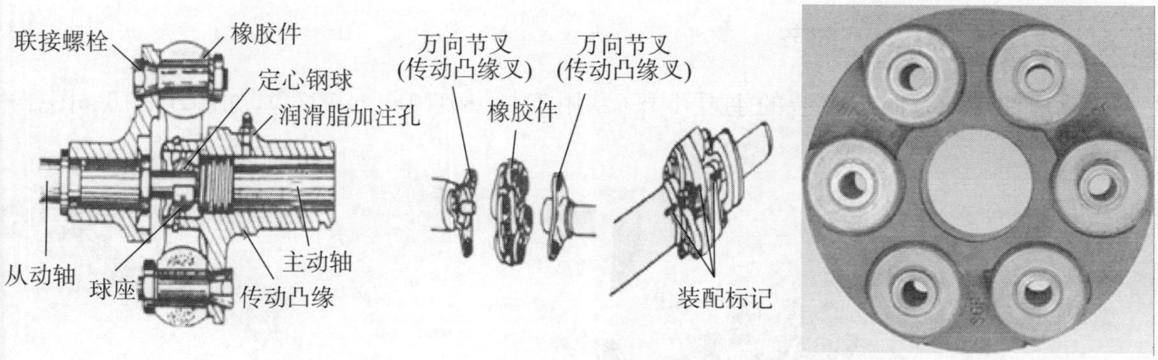

图 1-13　挠性万向节

2. 汽车万向节的保养

检查万向节时，查找是否有严重磨损、凹坑或断裂。沟槽磨损是球道最普通的损坏方式。如果钢球磨损或转动困难，必须更换。万向节无论存在何种损坏，都必须更换。

万向节润滑，如图 1-14 所示。万向节更换，如图 1-15 所示。

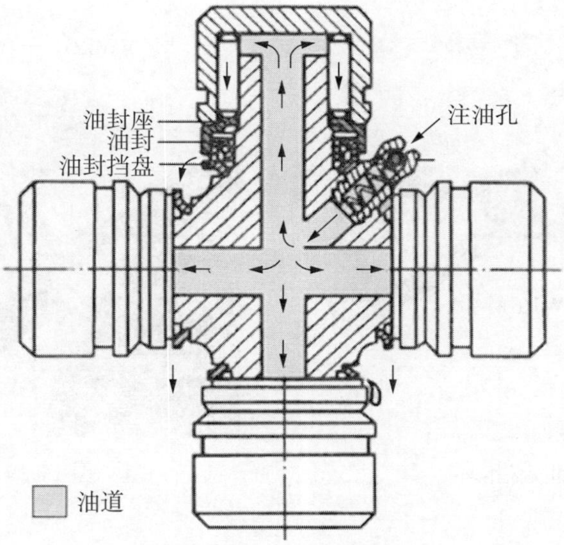

图 1-14　万向节的润滑

图 1-15　更换万向节

3. 拆装大众桑塔纳传动万向节

大众桑塔纳传动万向节拆装的主要步骤(专用工具 vw1b1a、vw1275),如图 1-16—图 1-19 所示。

图 1-16　拆卸卡箍

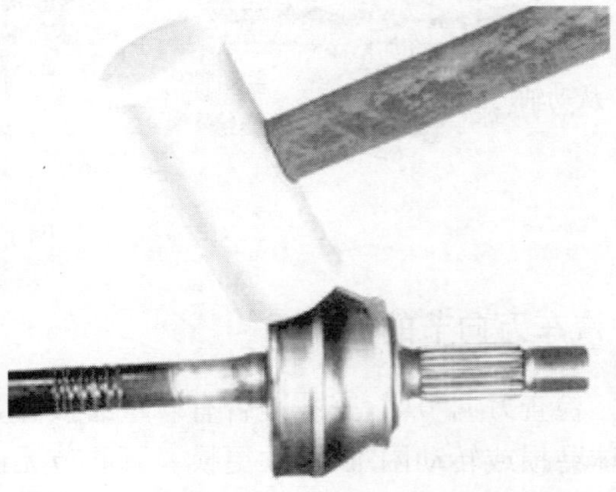

图 1-17　拆卸万向节

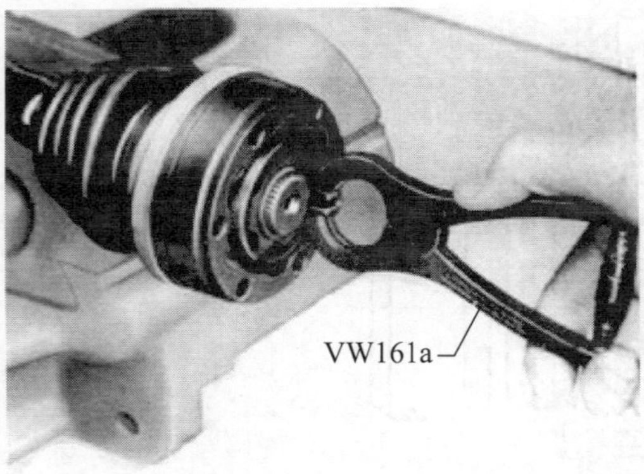

图 1-18　拆卸安装卡环

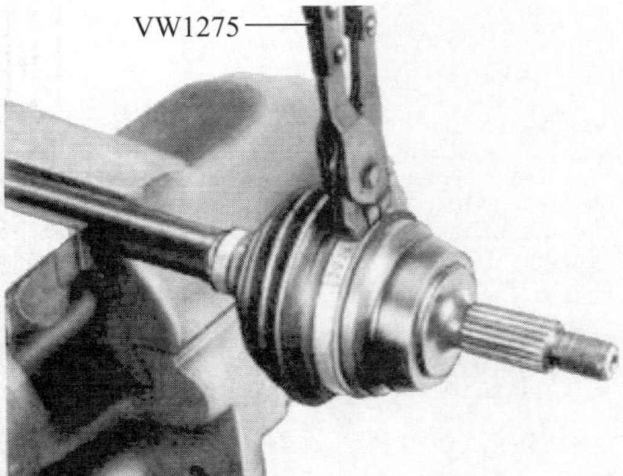

图 1-19　安装卡箍

二、制定方案

根据情境导入中的案例,需要对汽车传动系统中的万向节进行保养。教师在组织教学的过程中,根据制定保养大众桑塔纳万向节的实施方案,带领学生完成万向节的保养工作,如表 1-5 所示。

表 1-5　大众桑塔纳万向节保养方案表

<table>
<tr><td></td><td colspan="2">大众桑塔纳万向节保养方案</td></tr>
<tr><td rowspan="2">车辆信息描述</td><td>车辆描述</td><td>大众桑塔纳 1.8 L,装备 JV 发动机,2P 五速 MT</td></tr>
<tr><td>故障现象</td><td>客户反应此车行驶中,特别是低速行驶时左前方有异响</td></tr>
<tr><td>设备/工具/耗材</td><td colspan="2">大众桑塔纳乘用车半轴总成一根,铜棒,卡簧钳,卡箍锁紧钳,新卡箍,新防尘套,润滑脂等,工作台,拆装工具</td></tr>
</table>

（续表）

	大众桑塔纳万向节保养方案
安全要求及注意事项	1. 安全要求： （1）注意人身和设备安全； （2）未经许可，严禁随意扳动电器按钮开关； （3）注意防火，认真接受实训前的安全知识教育。 2. 操作注意事项： （1）在进行拆装时眼睛不要直视敲击点； （2）要选用合适的工具，一般要用铜棒进行敲击操作； （3）要做到“三不落地”、现场保持5S标准
操作步骤	1. 将半轴总成放在工作台上； 2. 松开卡子取下防尘套（卡子为一次性使用，防尘套如有破损则更换新品）； 3. 用轻金属锤子（或铜棒）敲击万向节，使之与半轴分开； 4. 分解内侧球笼； 5. 分解外侧球笼； 6. 清洗分解的零部件； 7. 组装球笼； 8. 将润滑脂加注到组装好的球笼内； 9. 将新防尘套装在半轴上； 10. 将球笼装在半轴上； 11. 将防尘套上的卡箍锁紧； 12. 检验、整理现场、完成工作

教师对学生进行分组，每组选出一个小组长，小组长根据小组成员任务分工不同，确定不同任务的责任人。小组成员任务的划分可以参考下面的小组任务分配表，如表1-6所示。

表1-6　小组任务分配表

	小组任务	个人职责（任务）	小组成员
1	工具管理	主要负责工具管理与清洁	
2	零部件管理	主要负责拆下的螺栓、零部件的整齐摆放与清洁	
3	内防尘套和球笼的拆卸	负责内球笼与半轴的分离	
4	外防尘套和球笼的拆卸	负责内球笼与半轴的分离	
5	内球笼的分解与组装	负责分解与组装内球笼	
6	外球笼的分解与组装	负责分解与组装外球笼	
7	分解零部件的清洗	负责清洗零部件	
8	球笼润滑脂的加注	负责加注润滑脂	
9	内防尘套和球笼的安装	负责将内球笼和防尘套装在半轴上	
10	外防尘套和球笼的安装	负责将外球笼和防尘套装在半轴上	
11	卡箍的锁紧	负责防尘套上卡箍的锁紧	

实训中如果没有该车型，可以参考大众桑塔纳万向节保养方案表，并查阅该实训车型的维修手册，制定出该车型万向节保养方案，如表 1－7 所示。

表 1－7　万向节保养方案表

	________乘用车万向节保养方案	
车辆信息描述	车辆描述	
	故障现象	
设备/工具/耗材		
安全要求及注意事项		
操作步骤		

三、实施

依据制定方案实施，并填写项目单，如表 1－8 所示。

表 1－8　实训结果项目表

	请看图回答下列问题

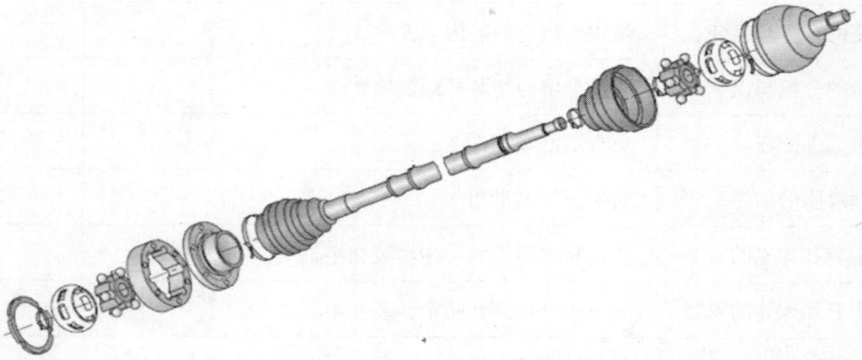

（续表）

	请看图回答下列问题	
部件名称	检查内容	检查结果
内球笼	变形、锈蚀、碰伤、完好	
外球笼	变形、锈蚀、碰伤、完好	
保持架	裂纹、锈蚀、磨损、完好	
钢珠	裂纹、锈蚀、磨损、完好	
1. 内球笼和外球笼最大区别是什么？		
2. 内球笼和外球笼各有几颗钢珠？		
3. 写出外球笼的分解方法是什么？		

四、作业

1. 通过实训后完善本任务的实施方案。

2. 内外球笼相比哪个更容易受损？

3. 请利用课余时间查阅相关资料，半轴万向节最大传动角度是多少？

五、知识拓展

半轴分为全浮式半轴和半浮式半轴。

全浮式半轴只传递转矩，不承受任何反力和弯矩，因而被广泛应用于各类汽车上。全浮式半轴易于拆装，只需拧下半轴突缘上的螺栓即可抽出半轴，而车轮与桥壳照样能支持汽车，从而给汽车维护带来方便。全浮式半轴如图 1－20 所示。

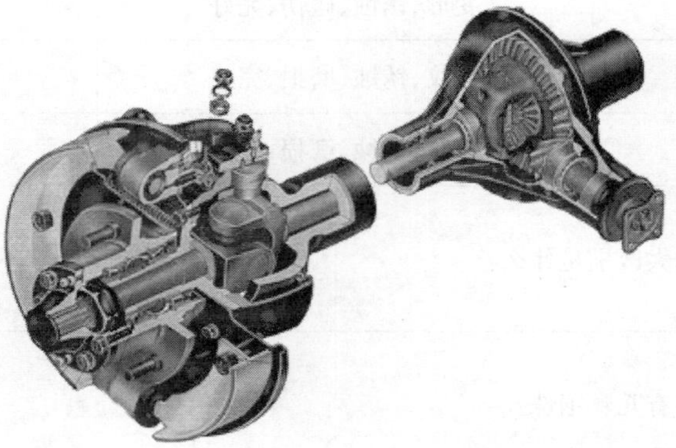

图 1－20 全浮式半轴结构

半浮式半轴既传递扭矩又承受全部反力和弯矩。它的支承结构简单、成本低，因而被广泛用于反力弯矩较小的各类乘用车上。但这种半轴支承拆取麻烦，且汽车行驶中若半轴折断则易造成车轮飞脱的危险。

检查与评估

1. 学生自我检查

学生通过对本任务的学习，独立结合实训车辆填写学习情况检查表(表 1－9)，以检测自己对本任务学习的掌握情况。

表 1－9 学习情况检查表

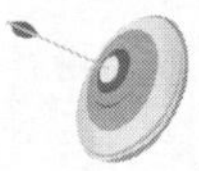	请仔细观察左图然后回答问题： 下列说法正确的画“√”，错误的画“×”	
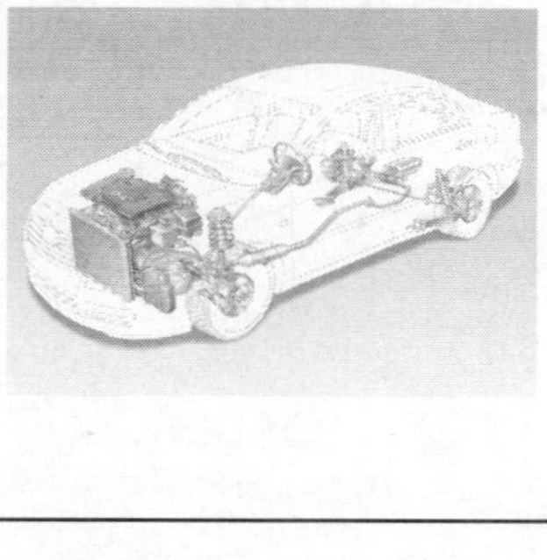	发动机前置前轮驱动	
	具有良好的直线行驶性能	
	后备箱空间大	
	没有万向传动轴	
	转向不足	
	重量分布不均匀	

（续表）

<table>
<tr><td>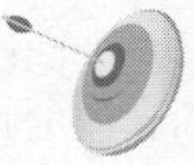</td><td colspan="2">请仔细观察左图然后回答问题：
下列说法正确的画“√”，错误的画“×”</td></tr>
<tr><td rowspan="4"></td><td>发动机前置后轮驱动</td><td></td></tr>
<tr><td>驱动轴上的轴负荷较小</td><td></td></tr>
<tr><td>必须具备万向传动轴</td><td></td></tr>
<tr><td>转向过度</td><td></td></tr>
<tr><td rowspan="4">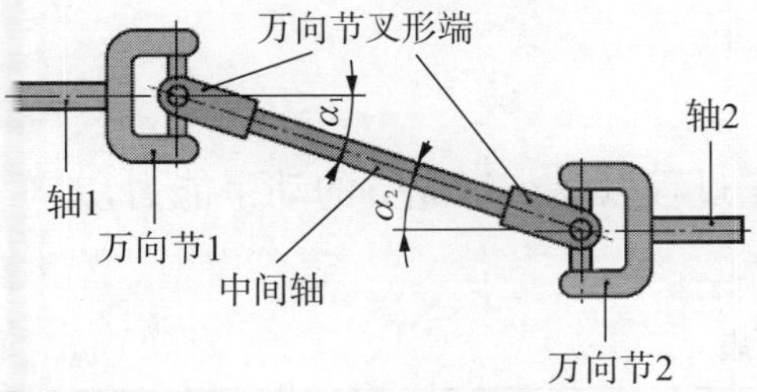</td><td>这是万向传动轴总成</td><td></td></tr>
<tr><td>用于变角度传递动力</td><td></td></tr>
<tr><td>这是半轴总成</td><td></td></tr>
<tr><td>只改变方向，不传递动力</td><td></td></tr>
<tr><td rowspan="4">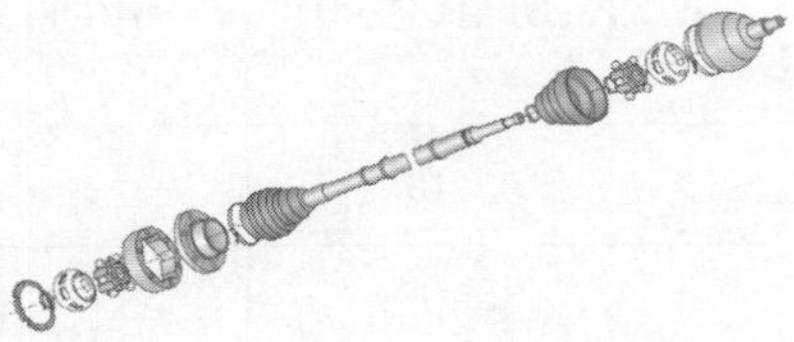</td><td>这是半轴总成</td><td></td></tr>
<tr><td>用于变角度传递动力</td><td></td></tr>
<tr><td>这是万向传动轴总成</td><td></td></tr>
<tr><td>只改变方向，不传递动力</td><td></td></tr>
<tr><td rowspan="4"></td><td>这是一刚性万向节</td><td></td></tr>
<tr><td>这是一不等速万向节</td><td></td></tr>
<tr><td>这是一挠性万向节</td><td></td></tr>
<tr><td>这是一等速万向节</td><td></td></tr>
<tr><td rowspan="4">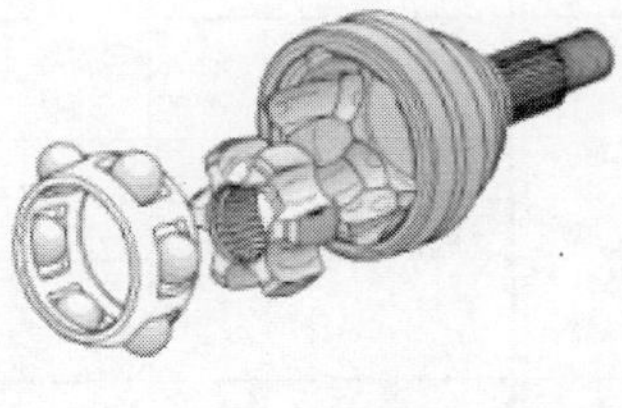</td><td>这是一刚性万向节</td><td></td></tr>
<tr><td>这是一等速万向节</td><td></td></tr>
<tr><td>这是一不等速万向节</td><td></td></tr>
<tr><td>这是一挠性万向节</td><td></td></tr>
<tr><td rowspan="4">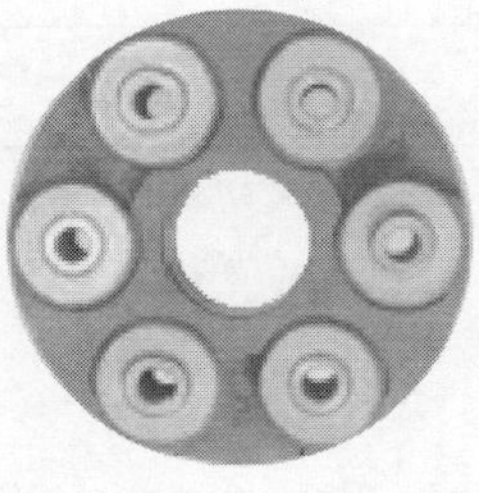</td><td>这是一挠性万向节</td><td></td></tr>
<tr><td>这是一不等速万向节</td><td></td></tr>
<tr><td>这是一刚性万向节</td><td></td></tr>
<tr><td>这是一等速万向节</td><td></td></tr>
</table>

（续表）

	请仔细观察左图然后回答问题： 下列说法正确的画“√”，错误的画“×”	
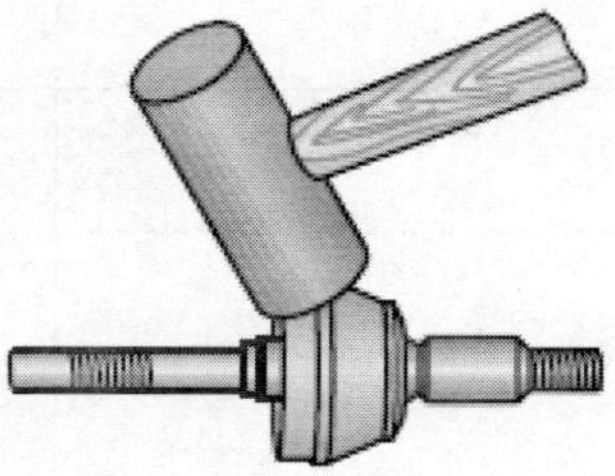	可用轻金属锤	
	可用木锤	
	可用橡胶锤	
	可用钢锤	

2. 指导教师评估

指导老师在整个教学过程中，关注每个活动小组的工作过程以及小组成员的动手能力，并对小组成员动手能力进行考核，填入表 1－10。

表 1－10　指导教师评估表

	考核量化指标	分值（总分）	学生得分
1	能时刻注意自我的人身保护	10	
2	能时刻注意保护车辆安全	10	
3	工具使用正确、熟练	10	
4	能够积极完成本职工作	5	
5	能够正确使用专用工具	5	
6	能够正确拆装半轴	10	
7	能够正确检查半轴的损伤情况	10	
8	能够正确分解球笼式万向节	10	
9	会正确向球笼内加注润滑脂	10	
10	能够完成实训结果项目表的填写	10	
11	能够完成学习情况检查表的填写	10	
总计			

学习情境 2　离合器系统故障诊断与维修

学习目标

	1. 能够完成离合器分泵的更换； 2. 能够完成离合器片的更换

情境导入

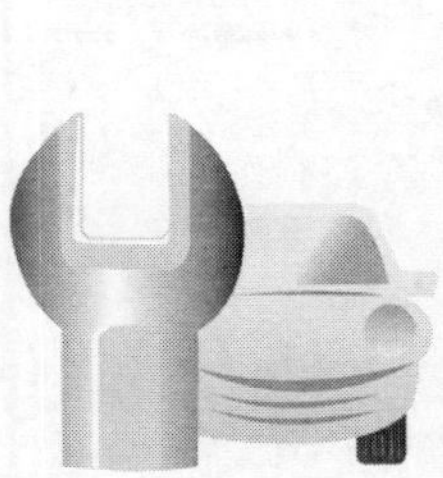	**车　　型：**大众桑塔纳 1.8 L，装备 JV 发动机，2P 五速 MT； **行驶里程：**38 万 km； **出厂时间：**2002 年 9 月。 **故障现象：** 该车在低速行驶时出现挂挡困难，甚至无法挂挡，加速行驶时，发动机转速明显上升，但车速上升不明显，还伴有焦糊味

任务　检修离合器

任务描述

一、学习目标

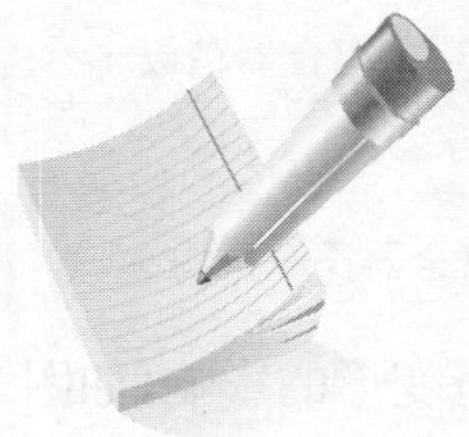	1. 能够完成离合器踏板自由行程的调整； 2. 能够完成离合器分泵的更换； 3. 能够完成离合器的拆装； 4. 能够完成离合器的检修

二、学习内容

	1. 调整离合器踏板自由行程； 2. 更换离合器分泵； 3. 拆装离合器； 4. 检修离合器

项目 1　调整离合器踏板自由行程

一、知识链接

1. 离合器踏板位置

离合器踏板是手动挡汽车离合器总成的操纵装置，也是汽车驾驶的“五大操纵件”之一，使用频次高。其操作正确与否，直接影响着汽车的起步、换挡和倒车。位置如图 2 - 1 所示。

2. 离合器操纵机构类型

离合器操纵机构按离合器所需的操纵能源不同可分为人力式、动力式、机械式和液压式。

人力式又可分为机械式、液压式。

动力式又可分为助力式、伺服式。

机械式又可分为杆系和绳系。杆系机构简单，容易制造，摩擦大，布置困难。绳系绳索寿命短，拉伸刚度小，可远距离操作。机械式操纵装置结构简单，制造成本低，故障少。但机械效率低，绳索拉伸变形导致踏板自由行程增大，如图 2 - 2 所示。

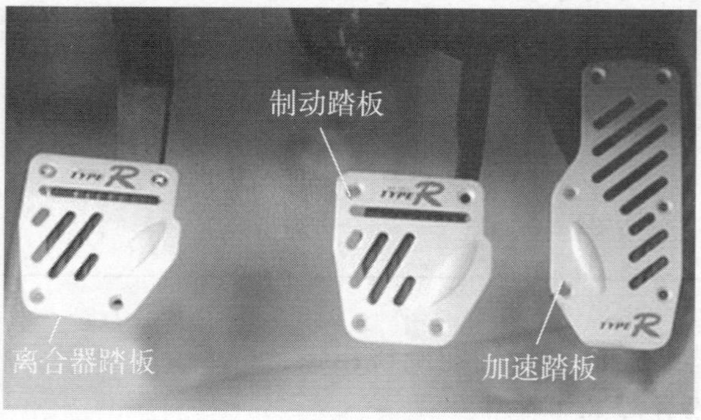

图 2-1　离合器踏板位置

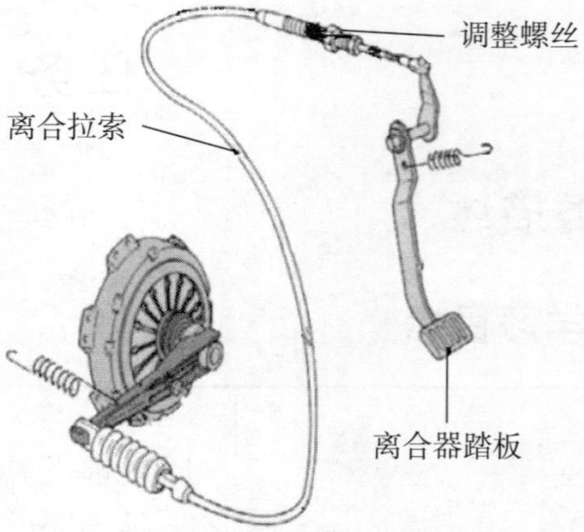

图 2-2　机械式离合器操纵机构

液压式的操纵机构具有摩擦阻力小，质量轻，布置方便，接合柔和，不受车身变形的影响，如图 2-3 所示。

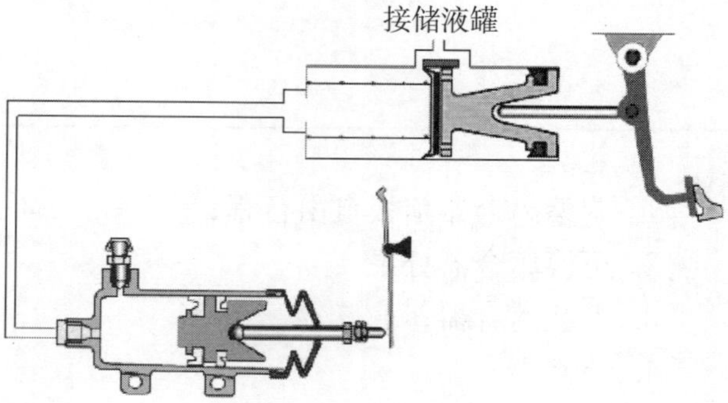

图 2-3　液压式离合器操纵机构

3. 离合器操纵机构

离合器操纵机构是驾驶人借以使离合器分离，而后又使之柔和接合的一套机构。它起始于离合器踏板，终止于离合器壳内的分离轴承。下面我们要介绍的是位于离合器壳外面的操纵机构。重点介绍机械式操纵机构，如图 2-4 所示。

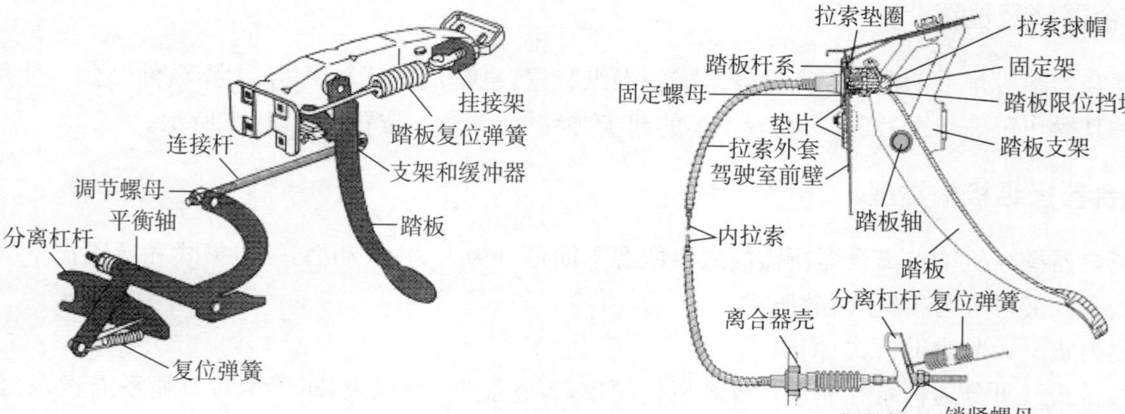

图 2-4　汽车离合器机械式操纵机构

4. 离合器踏板自由行程

离合器踏板的自由行程，是分离轴承与分离杠杆之间等处间隙的体现。如果踏板自由行程过大时，则使分离轴承推动膜片弹簧前移的行程缩短，压盘向后移动的距离也随之缩短，不能完全解除压盘对从动盘的压力，从而不能使离合器彻底分离，造成换挡困难；如果踏板自由行程过小，离合器压盘处于半分离状态，汽车起动后放松离合器踏板，车辆不能正常起步，离合器摩擦片加速磨损。

5. 离合器踏板自由行程的调整

用手压下离合器踏板直到感觉到阻力，测量松开后的离合器踏板高度与受阻点之间的距离，所得数值就是踏板的自由行程，如图 2-5 所示。如果自由行程不符合规范，拧松离合器分离杆(或主缸推杆)上的锁紧螺母，旋转分离杆直到获得正确的离合器踏板自由行程。调节完成后，拧紧锁紧螺母。如果踏板调整正确但不能正确复位，检查踏板衬套或复位弹簧是否卡死。

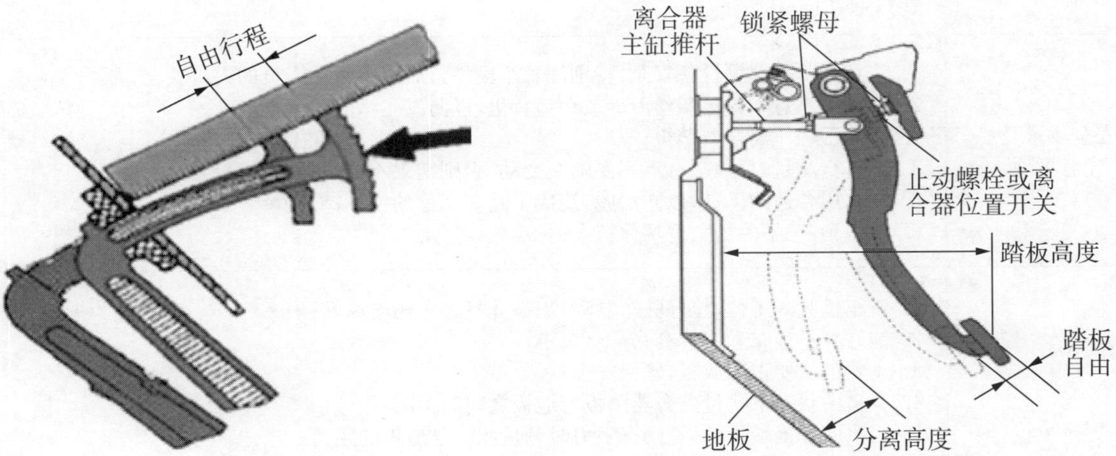

图 2-5　液压式汽车离合器踏板自由行程的调节

大众桑塔纳的离合器踏板自由行程为 15～25 mm，有效行程为(150±5) m。该车型离合器踏板自由行程的调整主要是靠离合器拉索的调整螺母来进行调整的，如图 2-6 所示。

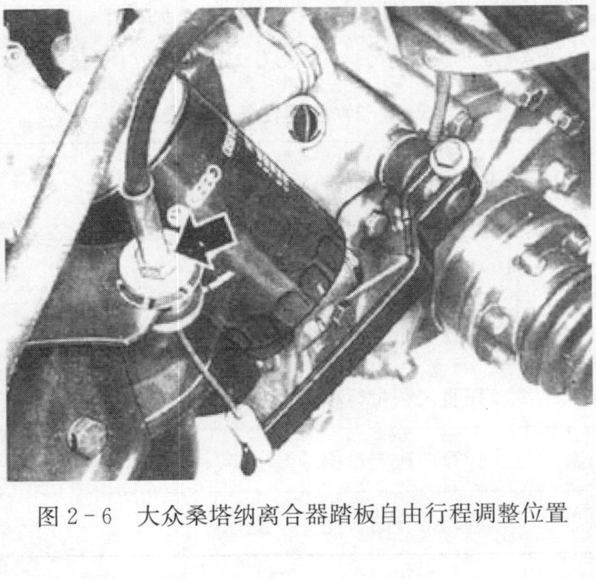

图 2-6　大众桑塔纳离合器踏板自由行程调整位置

二、制定方案

根据情境导入中的案例，需要对汽车传动系统中的离合器踏板自由行程进行调整。教师在组织教学的过程中，根据制定调整大众桑塔纳离合器自由行程的实施方案，带领学生进行完成离合器踏板自由行程的调整工作，如表 2－1 所示。

表 2－1　大众桑塔纳离合器踏板自由行程调整方案表

		大众桑塔纳离合器踏板自由行程调整方案
车辆信息描述	车辆描述	大众桑塔纳 1.8 L，装备 JV 发动机，2P 五速 MT
	故障现象	客户反应此车挂挡困难，甚至将离合器踏板踩到底都无法挂挡
设备/工具/耗材	大众桑塔纳乘用车一辆，维修手册一本，两柱举升机一台，翼子板布一套，三件套，直尺一把，工作台，通用工具	
安全要求及注意事项	1. 注意人身和车辆设备安全，特别注意车辆举升后车下作业人员的人身安全； 2. 要特别注意不要把螺丝刀等放在口袋里，以防发生事故； 3. 要用手轻压离合器踏板； 4. 在进行测量时，地板选点不要随便变动，否则结果不准确； 5. 要选用合适的工具，以防滑脱，造成工具和螺丝的损坏； 6. 要做到“三不落地”、现场保持 5S 标准	
更换步骤	1. 将车辆驶入工位，拉好驻车制动，用举升机将车辆支撑好； 2. 铺好翼子板布和三件套； 3. 车轮挡块要正确放置，确保安全； 4. 在自由状态下测量离合器踏板与地板之间的距离； 5. 用手向下推踏板，感觉到有阻力时测量此时与地板的距离； 6. 计算两次距离的差值，要在规范范围内； 7. 如果数值不在规范范围内，则按照图 2－2 所示进行调节； 8. 调整离合器行程至标准值； 9. 检验、试车，整理现场，完成工作	

教师对学生进行分组，每组选出一个小组长，小组长根据小组成员任务分工不同，确定不同任务的责任人。小组成员任务的划分可以参考下面的小组任务分配表，如表 2－2 所示。

表 2－2　小组任务分配表

	小组任务	个人职责(任务)	小组成员
1	设备管理	主要负责举升机的操作	
2	工具管理	主要负责扳手、直尺的管理与清洁	
3	踏板自由行程的测量	用直尺测量行程	
4	踏板自由行程的计算	计算两次测量值的差	
5	踏板自由行程的调整	调整推杆的长度	

实训中如果没有该车型，可以参考大众桑塔纳离合器踏板自由行程调整方案表，并查阅该实训车型的维修手册，制定出该车型离合器踏板自由行程调整方案，如表 2－3 所示。

表 2－3 离合器踏板自由行程调整方案表

	________乘用车离合器踏板行程调整方案	
车辆信息描述	车辆描述	
	故障现象	
设备/工具/耗材		
安全要求及注意事项		
操作步骤		

三、实施

依据制定方案实施，并填写项目单，如表 2－4 所示。

表 2－4 实训结果项目表

	请回答下列问题
1. 自由状态下离合器踏板与地板之间的距离是多少(单位：mm)？	
2. 调整推杆锁紧螺母所用工具规格是多少？	
3. 推杆调长自由行程变大还是变小？	
4. 推杆每旋转两圈，行程变化多少(单位：mm)？	
5. 踏板自由行程的标准值是多少(单位：mm)？	

四、作业

1. 通过实训后完善本任务的实施方案。

2. 思考：如果离合器操纵机构是拉线式的，自由行程应如何调整？

五、知识拓展

助力式离合器操纵机构分为助力弹簧离合器操纵机构和气压助力离合器操纵机构。

助力弹簧离合器操纵机构是在离合器踏板的前段行程中，离合器压紧弹簧压缩量和压缩力还不大，造成的踏板阻力与助力弹簧附加阻力的总和在允许范围内；在踏板行程的后半程，离合器分开，为了换挡或制动等操作，需在这最低位置保持一段时间，这时助力弹簧释放前半程储存的能量，减少驾驶人的踏板力，但这种助力效果不大，如图 2－7 所示。

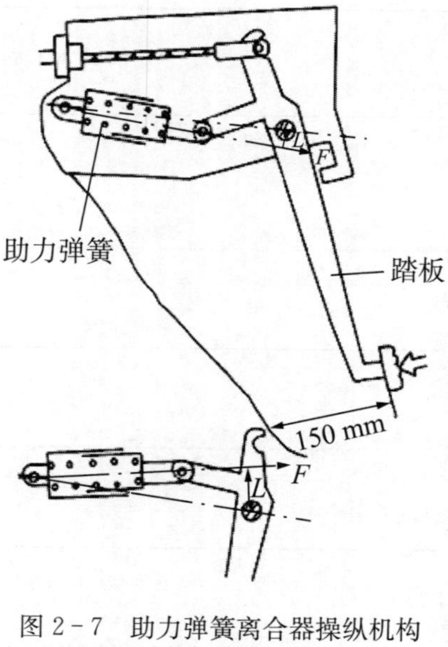

图 2－7　助力弹簧离合器操纵机构

气压助力离合器操纵机构是利用发动机带动的空气压缩机作为主要的操纵能源，驾驶人的肌体作为辅助的和后备的操纵能源。驾驶人能随时感知并控制离合器分离和接合程度(依靠气压助力装置的输出压力必须与踏板力和踏板行程成一定的递增函数关系)。当气压助力系统失效时，保证仍能人力操纵离合器，如图2-8所示。

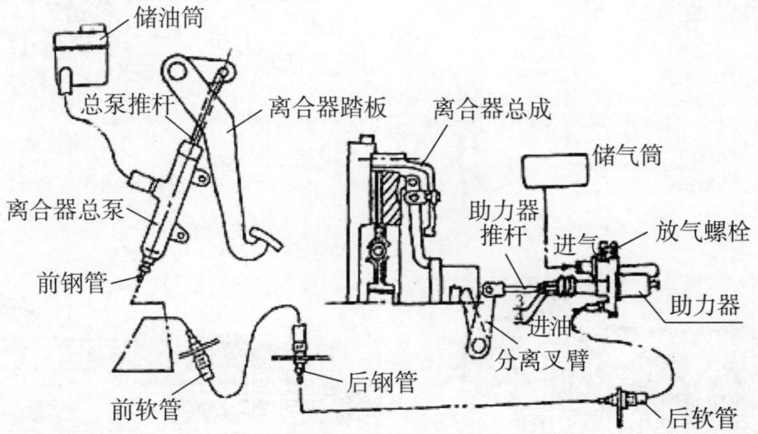

图2-8　气压助力离合器操纵机构

项目2　更换离合器分泵

一、知识链接

1. 液压式操纵机构的组成

液压式汽车离合器操纵机构的组成如图2-9所示。在液压式操纵机构中，一般以制动液作为液压油来传递运动，主要由离合器踏板、主缸(图2-10)、工作缸(图2-11)、储油罐、分离轴承和分离叉等组成。

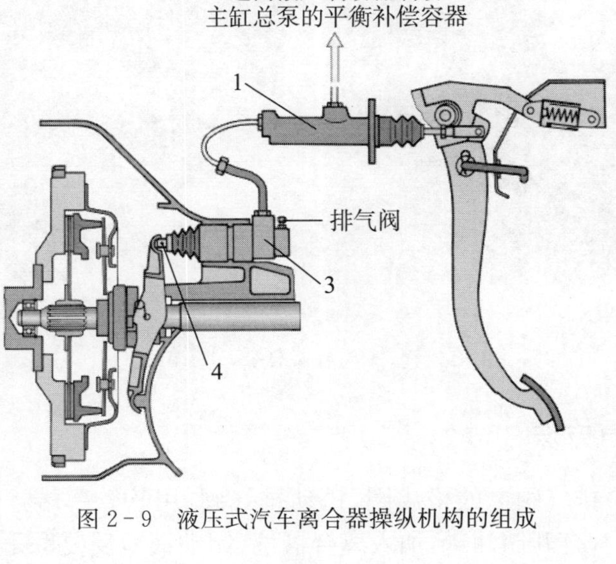

图2-9　液压式汽车离合器操纵机构的组成

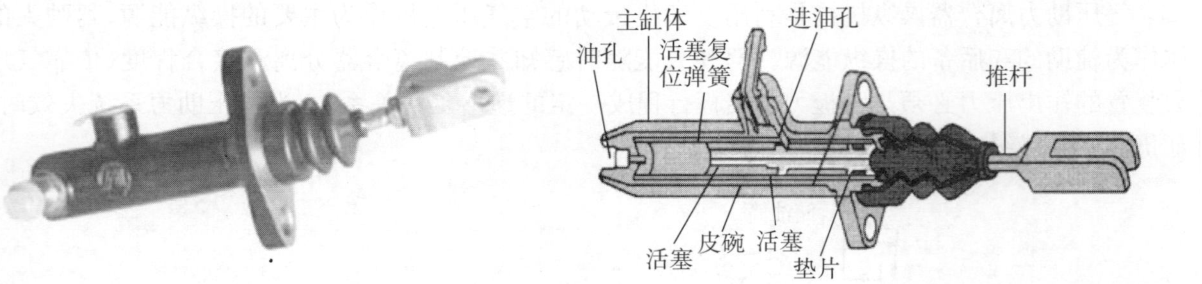

图 2-10　液压式汽车离合器主缸

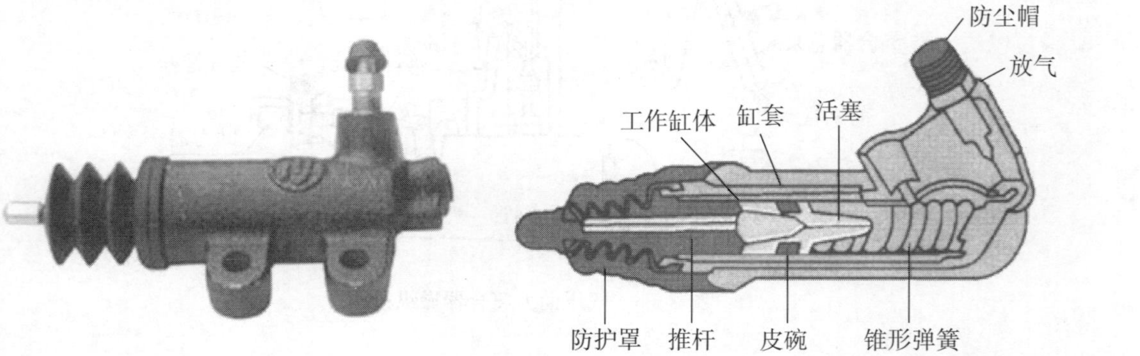

图 2-11　液压式汽车离合器工作缸

2. 大众桑塔纳离合器总泵、分泵位置

大众桑塔纳不同年款的车辆离合器操纵机构采用方式不同，有拉线式和液压式。采用液压式操纵机构的车辆，总泵位置在离合器踏板正前方（发动机舱内），如图 2-12(a)所示。分泵位于变速器壳体上，如图 2-12(b)所示。

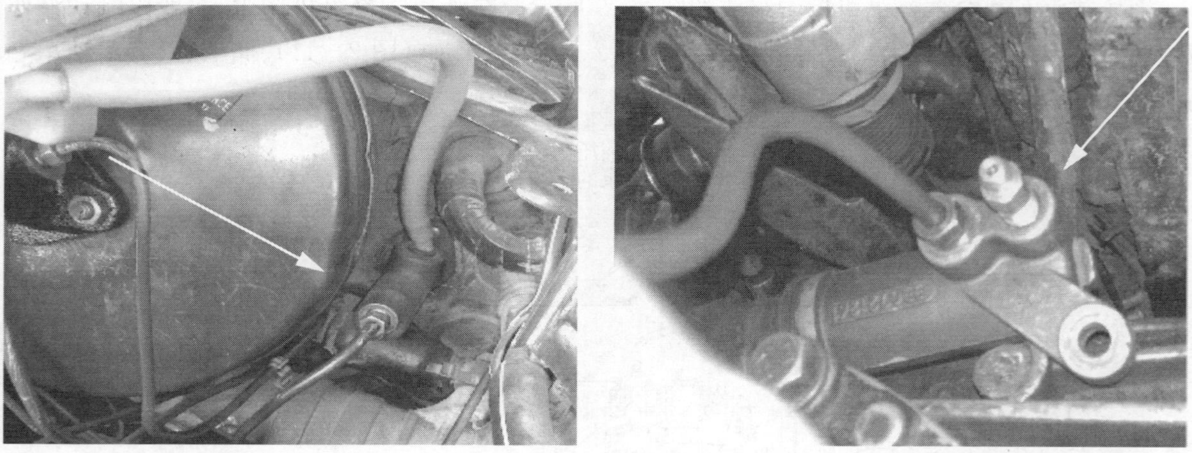

(a)　　(b)

图 2-12　离合器总泵、分泵位置

3. 离合器液压管路排气方法

取下离合器助气分泵排气阀上的橡皮圈，松动排气阀，用软管一端连接放气阀，另一端插入装有离合器液的透明容器中，打开储油罐，加入离合器液（制动液），反复踩下离合器踏板，直到透明容

器内无气泡出现(注意随时给离合器油罐中补充油液)。取掉软管,拧紧放气阀,带上橡皮圈,油排气完毕。(允许采用专用加压装置从分泵放气阀处给整个油路迅速填充制动液)。

二、制定方案

根据情境导入中的案例,需要对汽车传动系统中的离合器工作缸(分泵)进行更换。教师在组织教学的过程中,根据制定更换大众桑塔纳离合器分泵的实施方案,带领学生完成离合器分泵的更换工作,如表2-5所示。

表2-5　大众桑塔纳离合器分泵更换方案表

	大众桑塔纳离合器分泵更换方案	
车辆信息描述	车辆描述	大众桑塔纳1.8 L,装备JV发动机,2P五速MT
	故障现象	客户反应此车换挡困难,甚至无法挂挡
设备/工具/耗材	大众桑塔纳乘用车一辆,维修手册一本,两柱举升机一台,翼子板布一套,三件套一套,制动液一瓶,集液瓶一个,工作台,拆装工具	
安全要求及注意事项	1. 注意人身和车辆设备安全,特别注意车辆举升后车下作业人员的人身安全; 2. 拆装油管注意不要损伤接头螺母和管口边缘,以防密封不严; 3. 要特别注意制动液的安全使用,以防发生事故; 4. 排放制动液时,一定要用集液瓶收集废液; 5. 系统排气时,注意适时添加制动液; 6. 要做到"三不落地"、现场保持5S标准	
更换步骤	1. 将车辆驶入工位,拉好驻车制动,用举升机将车辆支撑好; 2. 铺好翼子板布和三件套; 3. 举升车辆至合适高度; 4. 首先松开离合器分泵的放气孔,排放制动液(要收集到废液瓶中); 5. 拆下进油管,拆下固定螺栓,取下分泵; 6. 按拆卸时的相反顺序安装新品分泵; 7. 对系统进排气操作; 8. 试车,整理现场,完成工作	

教师对学生进行分组,每组选出一个小组长,小组长根据小组成员任务分工不同,确定不同任务的责任人。小组成员任务的划分可以参考下面的小组任务分配表,如表2-6所示。

表2-6　小组任务分配表

	小组任务	个人职责(任务)	小组成员
1	设备管理	主要负责举升机的操作	
2	工具管理	主要负责工具管理与清洁	
3	零部件管理	主要负责拆下的螺栓、零部件的整齐摆放与清洁	
4	制动液的排放(需要两个人配合)	操作制动踏板,调节放油螺栓的松与紧	
5	分泵油管的拆装	拆装油管接头	

（续表）

	小组任务	个人职责(任务)	小组成员
6	分泵固定螺栓的拆装	拆装固定螺栓	
7	分泵的取下与安装	取下分泵和安装分泵	
8	制动液的加注	负责制动液的加注，不能低于刻度线	
9	系统排气(需要两个人配合)	踩制动踏板和放气螺钉的开与闭	

实训中如果没有该车型，可以参考大众桑塔纳离合器分泵更换方案表，并查阅该实训车型的维修手册，制定该车型离合器分泵更换方案，如表 2 - 7 所示。

表 2 - 7　离合器分泵更换方案表

	______乘用车离合器分泵更换方案	
车辆信息描述	车辆描述	
	故障现象	
设备/工具/耗材		
安全要求及注意事项		
操作步骤		

三、实施

依据制定方案实施，并填写项目单，如表 2 - 8 所示。

表 2-8　实训结果项目表

	请完成下列问题	
部件名称	检查内容	检查结果
离合器分泵	锈蚀、裂纹、损伤、完好	
离合器分泵防尘套	破损、老化、漏油、完好	
1. 分泵放气螺钉所用工具的规格是多少?		
2. 分泵固定螺栓数量? 3. 所用工具的规格型号?		
4. 简述系统排气要领是什么(两个人是如何配合的)?		

四、作业

1. 通过实训后完善本任务的实施方案。

2. 填写出图 2-9 中数字所代表的部件名称。

项目 3　拆装离合器

一、知识链接

1. 离合器在车上的安装位置

离合器位于发动机和变速器之间的飞轮壳内，用螺钉将离合器总成固定在飞轮的后平面上，离合器的输出轴就是变速器的输入轴，位置如图 2-13 所示。

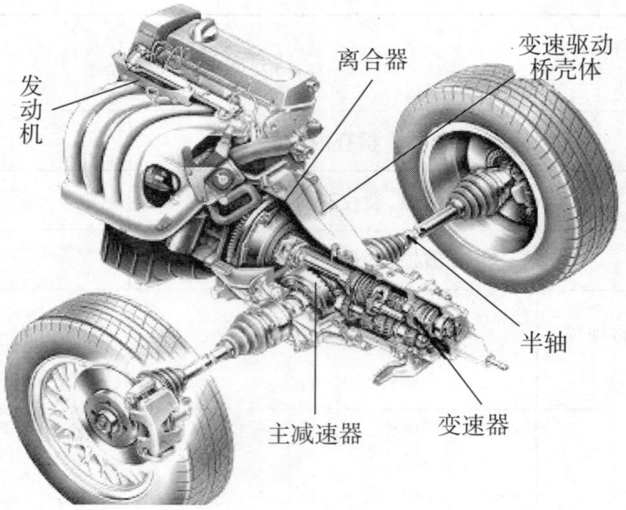

图 2-13　汽车传动系统零部件在车上的安装位置

2. 汽车离合器的功用

手动变速器离合器是汽车传动系统与发动机相连接的部件，通常装在发动机与变速器之间，可以由驾驶人根据自己的意愿来切断和实现对传动系统的动力传递；能平顺接合动力，保证整车平稳起步；临时切断动力，保证换挡工作平顺；防止传动系统过载。

3. 汽车离合器的组成

摩擦片式离合器结构简单、性能可靠、维修方便，目前为绝大部分汽车所采用。摩擦片式离合器主要由飞轮、离合器压盘组件、离合器从动盘（离合器片）、分离轴承、分离叉和操纵机构等组成，如图2-14所示。其中，飞轮、离合器压盘组件为离合器的主动部分，离合器从动盘为从动部分。

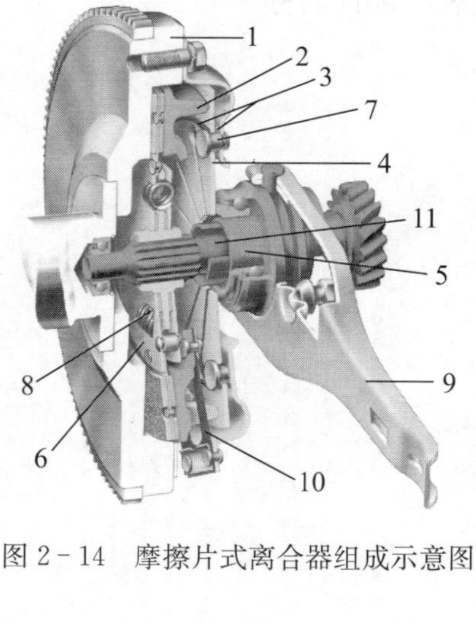

图 2-14　摩擦片式离合器组成示意图

4. 变速器总成主要螺栓拧紧力矩

变速器与发动机固定螺栓拧紧力矩是 55 N·m。

变速器支架与横梁的固定螺栓拧紧力矩是 70 N·m。

发动机的中间支架与车身之间的固定螺栓拧紧力矩是 30 N·m。

减振垫前支架固定螺栓拧紧力矩是 25 N·m。

减振垫后支架固定螺栓拧紧力矩是 20 N·m。

传动轴与变速器之间的固定螺栓拧紧力矩是 40 N·m。

减振垫与车身之间的固定螺栓拧紧力矩是 110 N·m。

内变速杆固定螺栓拧紧力矩是 110 N·m。

二、制定方案

根据情境导入中的案例，需要对汽车传动系统中的离合器进行拆装。教师在组织教学的过程中，根据制定拆装大众桑塔纳离合器的实施方案，带领学生完成离合器的拆装工作，如表 2-9 所示。

表 2-9　大众桑塔纳离合器拆装方案表

	大众桑塔纳离合器拆装方案	
车辆信息描述	车辆描述	大众桑塔纳 1.8 L，装备 JV 发动机，2P 五速 MT
	故障现象	客户反应此车换挡困难，甚至无法挂挡
设备/工具/耗材	大众桑塔纳乘用车离合器台架一台，维修手册一本，工作台，拆装工具	
安全要求及注意事项	1. 注意做好飞轮与压盘的对正标记； 2. 要特别注意离合器台架的安全使用，以防发生事故； 3. 在进行拆装前，一定要确认离合器组件安装完整、可靠； 4. 拆装压盘螺栓的工具要注意滑脱造成零件损坏和人员的伤害； 5. 拆装压盘螺栓时一定要按正确的顺序分多次松开或旋紧； 6. 要做到“三不落地”、现场保持 5S 标准	
更换步骤	1. 将台架、工作台和工具准备好； 2. 做好压盘与飞轮对正标记； 3. 按正确的顺序分次松下离合器盖与飞轮的联接螺栓； 4. 取下离合器压盘组件与从动盘； 5. 按相反的顺序安装离合器； 6. 检验，整理现场，完成工作	

教师对学生进行分组，每组选出一个小组长，小组长根据小组成员任务分工不同，确定不同任务的责任人。小组成员任务的划分可以参考下面的小组任务分配表，如表 2-10 所示。

表 2-10　小组任务分配表

	小组任务	个人职责(任务)	小组成员
1	工具管理	主要负责工具管理与清洁	
2	零部件管理	主要负责拆下的螺栓、零部件的整齐摆放与清洁	
3	离合器盖螺栓的拆装	螺栓的拆下与拧紧	
4	压盘与离合器片的取下与安装	取下和安装压盘与离合器片	

实训中如果没有该车型，可以参考大众桑塔纳离合器拆装方案表，并查阅该实训车型的维修手册，制定出该车型离合器拆装方案，如表 2－11 所示。

表 2－11　离合器拆装方案表

	________乘用车离合器拆装方案	
车辆信息描述	车辆描述	
	故障现象	
设备/工具/耗材		
安全要求及注意事项		
操作步骤		

三、实施

依据制定方案实施，并填写项目单，如表 2－12 所示。

表 2－12　实训结果项目表

	请完成下列问题	
部件名称	检查内容	检查结果
飞轮	磨损、裂纹、损伤、完好	
压盘	磨损、裂纹、损伤、完好	
离合器片	油污、锈蚀、翘曲、损伤、完好	
分离轴承	松旷、异响、裂纹、损伤、完好	

（续表）

	请完成下列问题
1. 拆下离合器盖之前为什么要与飞轮一起做安装对正标记？	
2. 离合器盖与飞轮的固定螺栓数量？ 3. 所用工具的规格是多少？	
4. 安装离合器片时为什么要用芯轴或变速器输入轴做导向轴？	
5. 详细写出拆卸和拧紧压盘螺栓的要领是什么？ 6. 不这样做会导致什么后果？	

四、作业

1. 通过实训后完善本任务的实施方案。

2. 写出图 2－14 中数字所代表的部件名称。

五、知识拓展

离合器分为电磁离合器、磁粉离合器、摩擦片式离合器和液力离合器四种。

电磁离合器(图 2－15)可分为干式单片电磁离合器，干式多片电磁离合器，湿式多片电磁离合器，磁粉离合器和转差式电磁离合器等。线圈通电时产生磁力吸合“衔铁”片，离合器处于接合状态；线圈断电时“衔铁”弹回，离合器处于分离状态。

磁粉离合器(图 2－16)在主动与从动件之间放置磁粉，不通电时磁粉处于松散状态，通电时磁粉结合，主动件与从动件同时转动。优点：可通过调节电流来调节转矩，允许较大滑差。缺点：较大滑差时温升较大，相对价格高。

图 2-15　电磁离合器

图 2-16　磁粉离合器

摩擦片式离合器(图 2-17)是应用最广、历史最久的一类离合器,它基本上是由主动部分、从动部分、压紧机构和操纵机构四部分组成。

液力离合器(图 2-18)用流体(一般用油)作传动介质,与机械式离合器相比,除传动特性有各种变化以外,还主要吸收因主动轴和从动轴转动而产生的振动和冲击。

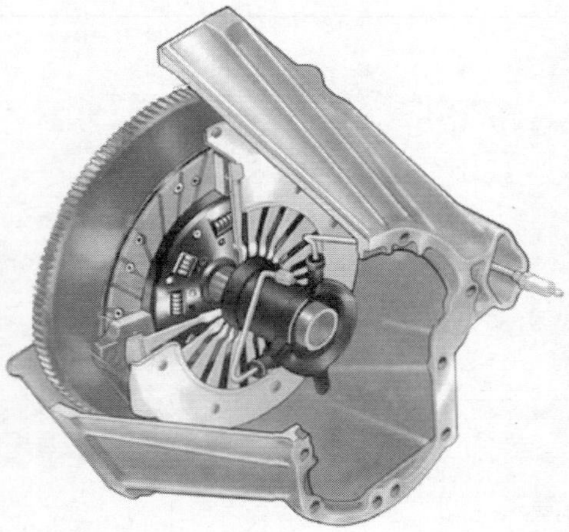

图 2-17　摩擦片式离合器

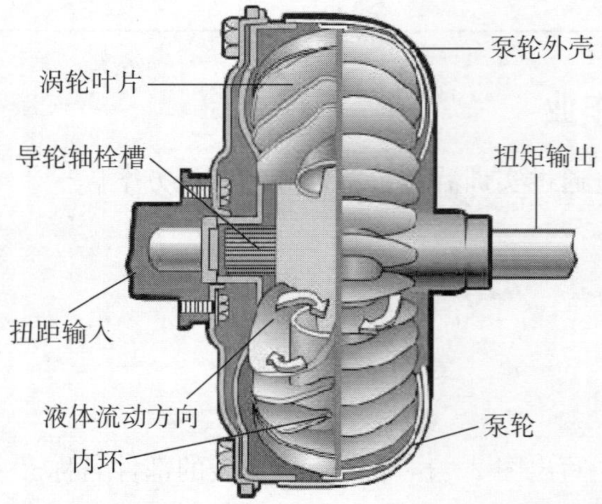

图 2-18　液力离合器

项目 4　检修离合器零部件

一、知识链接

1. 汽车离合器的工作原理

离合器从动盘夹在飞轮和压盘组件中间。压紧弹簧将从动盘前摩擦面压紧在飞轮端面上,离合器压盘通过弹簧张力与从动盘后摩擦面相接触,使二者保持常接合状态。从动盘中心有一个带花键的毂,与变速器第一轴上的花键相啮合。分离叉固定在离合器内的铰链上,与分离轴承压在一起,通过离合器操纵机构和踏板进行操纵。分离轴承利用杠杆作用拉动压盘离开离合器从动盘,如图 2-19、图 2-20 所示。

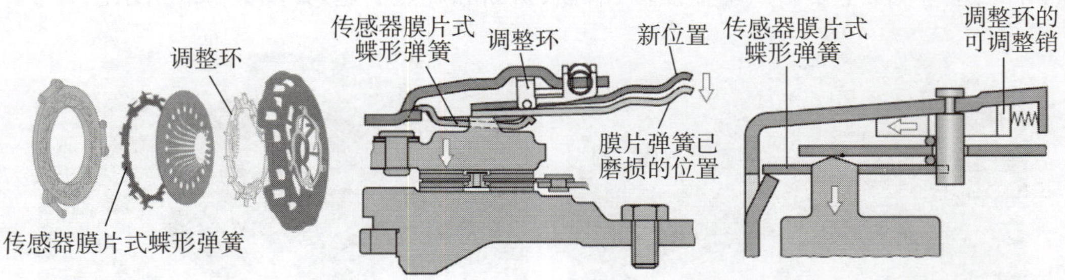

图2-19　汽车离合器工作原理示意图(一)

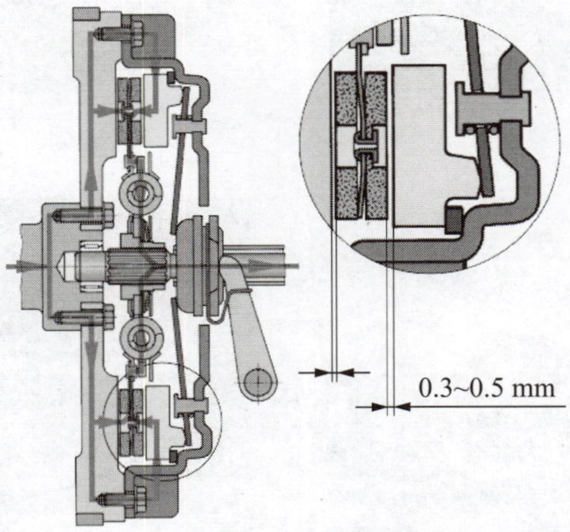

图2-20　汽车离合器工作原理示意图(二)

2. 汽车离合器三件套

离合器三件套只是维修人员的一种俗称，离合器的三件套即为离合器压盘总成、离合器从动盘总成(离合器片)和分离轴承(也叫导向轴承)。离合器三件套如图2-21所示。离合器从动盘的组成如图2-22所示。

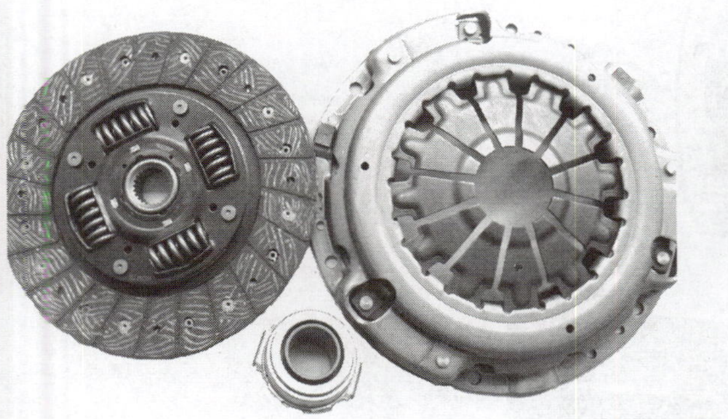

图2-21　离合器三件套

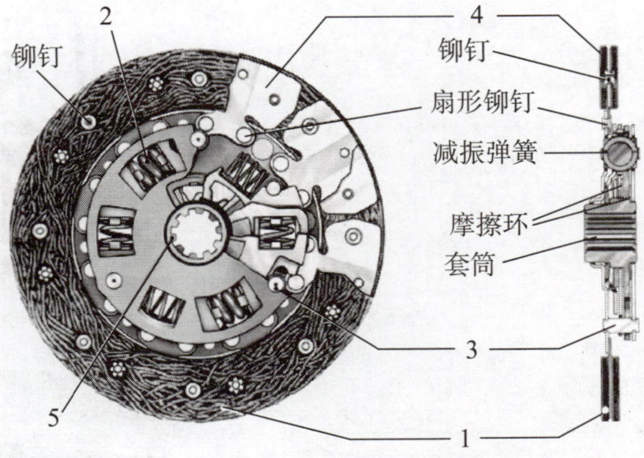

图2-22　汽车离合器从动盘的组成

3. 汽车离合器从动盘的常见故障

因为离合器使用频繁，所以故障频率较高。其故障主要有分离不彻底、打滑、不平稳和产生异响等。而导致这些故障主要由从动盘浸油、磨损、折断和烧焦引起，如图 2－23 所示。

浸油

磨损

折断

烧焦

图 2－23　汽车离合器从动盘的常见故障

离合器从动盘的检查方法如图 2－24 所示，径向跳动最大为 0.4 mm，从外缘测量径向跳动量最大为 2.5 mm。

图 2－24　从动盘的径向跳动量测量

二、制定方案

根据情境导入中的案例，需要对汽车传动系统中的离合器零部件进行检修。教师在组织教学的过程中，根据制定检修大众桑塔纳离合器零部件的实施方案，带领学生完成离合器零部件的检修工作，如表 2-13 所示。

表 2-13 大众桑塔纳离合器零部件检修方案表

	大众桑塔纳离合器零部件检修方案	
车辆信息描述	车辆描述	大众桑塔纳 1.8 L，装备 JV 发动机，2P 五速 MT
	故障现象	此车加速行驶时，发动机转速明显上升，但车速上升并不明显，还伴有焦糊味道
设备/工具/耗材	大众桑塔纳乘用车离合器台架一台，维修手册一本，芯轴或变速器输入轴，工作台，扭力扳手，深度尺，拆装工具	
安全要求及注意事项	1. 注意离合器片的清洁，禁止用压缩空气来吹； 2. 注意深度尺的正确使用，以防损坏； 3. 铆钉深度的测量要多点测量取其最浅值； 4. 要做到“三不落地”、现场保持 5S 标准	
更换步骤	1. 检查离合器片(如果有以下现象应更换新品)： (1) 是否油污、烧焦、折断、翘曲、磨损； (2) 铆钉是否松动； (3) 减振弹簧是否损坏； (4) 花键轴套内的花键是否磨损； (5) 测量铆钉的深度； 2. 飞轮和离合器压盘的检查(如果有以下现象应更换新品)：接触表面是否有变色、烧蚀、小裂纹、深槽或凸棱； 3. 分离轴承的检查(如果有以下现象应更换新品)：是否松旷、卡滞、异响、变形等； 4. 分离叉的检查(如果有以下现象应更换新品)：是否弯曲、变形、裂纹、锈蚀等； 5. 检验、整理现场、完成工作	

教师对学生进行分组，每组选出一个小组长，小组长根据小组成员任务分工不同，确定不同任务的责任人。小组成员任务的划分可以参考下面的小组任务分配表，如表 2-14 所示。

表 2-14 小组任务分配表

	小组任务	个人职责(任务)	小组成员
1	工具管理	主要负责工具管理与清洁	
2	零部件管理	主要负责拆下的螺栓、零部件的整齐摆放与清洁	
3	分离轴承的检查	检查分离轴承	
4	检查分离叉	检查分离叉	
5	检查飞轮	检查飞轮	

（续表）

	小组任务	个人职责(任务)	小组成员
6	检查压盘组件	检查压盘组件	
7	检查离合器片	检查离合器片	
8	测量铆钉深度	测量铆钉深度	

实训中如果没有该车型，可以参考大众桑塔纳离合器零部件检修方案表，并查阅该实训车型的维修手册，制定该车型离合器零部件检修方案，如表 2－15 所示。

表 2－15　离合器零部件检修方案表

	______乘用车离合器零部件检修方案	
车辆信息描述	车辆描述	
	故障现象	
设备/工具/耗材		
安全要求及 注意事项		
操作步骤		

三、实施

依据制定方案实施，并填写项目单，如表 2－16 所示。

表 2-16　实训结果项目表

	部件图	部件名称	安装位置	检查结果 (与实际相符的画"√")
				破损、油污翘曲、完好
 				破损、锈蚀变形、完好

请回答下列问题

1. 你所检查的离合器片花键毂有多少齿? 2. 是否缺齿、磨损、完好?	
3. 你所检查的离合器压盘组件中的膜片弹簧有多少个分离杠杆? 4. 是否损伤、磨损、完好?	
5. 你所测量的离合器片中共有多少个铆钉? 6. 其中最浅的一个是多少(单位：mm)?	

四、作业

1. 通过实训后完善本任务的实施方案。

2. 写出图 2-22 中数字所代表的部件名称。

五、知识拓展

离合器在使用过程中，经常出现的故障主要有离合器踏板沉重、打滑、分离不彻底(挂挡困难)、发抖、发闯和异响等。

维修方法(以下维修步骤不针对某一项故障，而是对离合器整个系统的检修)：

第一步：检查离合器踏板是否过高，空行程是否合适，调整到正常状态。如果故障现象没有消除则进行下一步。

第二步：检查离合器踏板、总泵、分泵、分离拨叉、分离轴承、离合器拉线等是否有卡滞，运动不灵活现象，离合器踏板是否复位正常。排除后仍然不能解决则进行下一步。

第三步：检查离合器三件套及飞轮是否磨损过量，压盘分离指、分离轴承推力平面是否磨损过量，盘总成摩擦片磨损应不漏出铆钉；用游标卡尺测量，盖总成的压盘工作端面磨损应不大于 0.3 mm；飞轮的安装深度用深度尺测量，磨损深度应不大于 0.5 mm 以上；压盘分离指端圆弧面不应磨平；分离轴承推力平面不应磨出凹弧；不符合尺寸的应予更换。但在修理过程中应注意，某一个零件不符合要求时应单独更换，不要笼统成套更换。

检查与评估

1. 学生自我检查

学生通过对本任务的学习，独立结合实训车辆填写学习情况检查表(表 2－17)，以检测自己对本任务学习的掌握情况。

表 2－17　学习情况检查表

<table>
<tr><td></td><td colspan="3">请仔细观察左图然后回答问题：
下列说法正确的画“√”，错误的画“×”</td></tr>
<tr><td rowspan="6">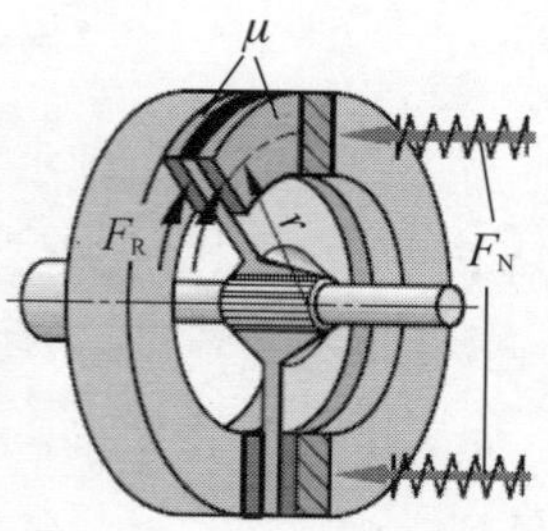</td><td rowspan="6">为了能使离合器传递更大的扭矩可以采取的措施</td><td>提高接触压力</td><td></td></tr>
<tr><td>使用更多的离合器从动盘</td><td></td></tr>
<tr><td>加大离合器从动盘直径</td><td></td></tr>
<tr><td>提高压紧面之间的摩擦系数</td><td></td></tr>
<tr><td>降低摩擦系数</td><td></td></tr>
<tr><td>减小从动盘直径</td><td></td></tr>
<tr><td rowspan="4"></td><td colspan="2">安装离合器时要检查飞轮的磨损情况</td><td></td></tr>
<tr><td colspan="2">安装离合器时要对飞轮的端面进行清洁</td><td></td></tr>
<tr><td colspan="2">对飞轮端面的损伤可以忽略不予处理</td><td></td></tr>
<tr><td colspan="2">不必进行清洁</td><td></td></tr>
</table>

（续表）

	请仔细观察左图然后回答问题： 下列说法正确的画“√”，错误的画“×”	
	安装压盘时必须与飞轮上的定位销对正	
	必须对正拆下时与飞轮的对正标记	
	必须注意摩擦片不能装反	
	不必对正标记	
	不必注意摩擦片的安装方向	
	在花键毂上可以涂抹少量润滑脂	
	减振缓冲弹簧必须全部完好无损	
	减振缓冲弹簧折断一根可继续使用	
	可以在摩擦片上涂抹少量润滑油	
	安装压盘固定螺栓时要先用手旋入	
	固定螺栓要按正确顺序轻轻旋至规定力矩	
	直接用扳手拧紧	
	可以不按正确顺序拧紧	
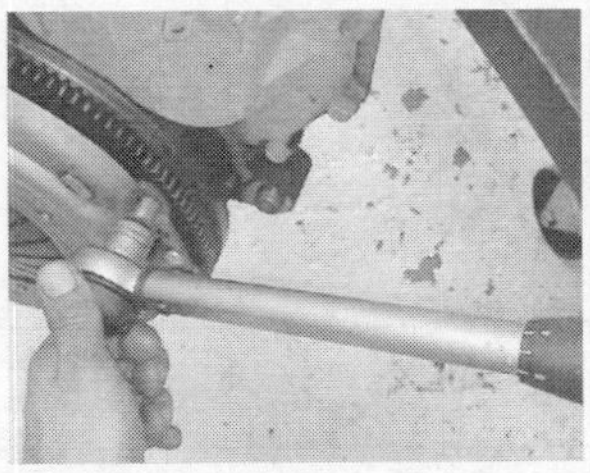	固定螺钉要分次按正确顺序拧紧	
	固定螺钉要用扭力扳手拧紧至规定力矩	
	固定螺钉用手拧紧即可	
	固定螺钉不必拧紧	
	最后拧紧螺钉时要把芯轴拿下来进行	
	要用相应的芯轴对摩擦片进行对准中心	
	最后拧紧螺钉时不必拿下芯轴	
	摩擦片不必对准中心	
	此摩擦片是“浸油”后的现象	
	此片不能再用，必须更换新品	
	此片是正常现象	
	此片可以继续使用	

（续表）

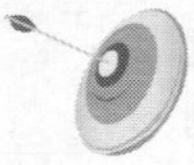	请仔细观察左图然后回答问题： 下列说法正确的画“√”，错误的画“×”	
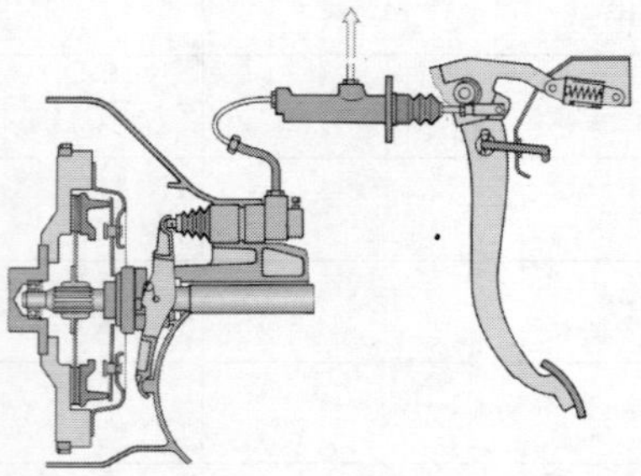	此图是液压式离合器操纵机构示意图	
	更换离合器总泵或分泵后必须对系统排气	
	要检查踏板自由行程，必要时进行调整	
	更换完液压系统部件后不必对系统排气	

2. 指导教师评估

指导老师在整个教学过程中，关注每个活动小组的工作过程以及小组成员的动手能力，并对小组成员动手能力进行考核，填入表 2－18。

表 2－18　指导教师评估表

	考核量化指标	分值(总分)	学生得分
1	能时刻注意自我的人身保护	10	
2	能时刻注意保护车辆安全	10	
3	工具使用熟练	10	
4	能够积极完成本职工作	10	
5	能够使用专用工具拆装离合器	10	
6	能够正确拆装离合器分泵并排气	10	
7	能够正确检查离合器踏板自由行程	10	
8	能够正确检查离合器	10	
9	能够完成实训结果项目表的填写	10	
10	能够完成学习情况检查表的填写	10	
总计			

学习情境3　手动变速器故障诊断与维修

学习目标

	1. 能够完成齿轮变速机构的检修； 2. 能够完成内部换挡操纵机构的检修

情境导入

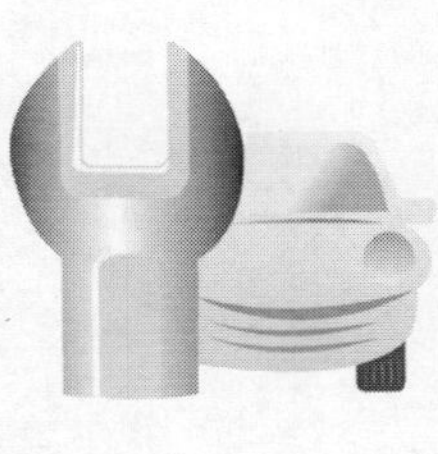	**车　　型：** 大众桑塔纳时代超人，装备 AJR 发动机，手动变速器； **行驶里程：** 38 万 km； **出厂时间：** 2002 年 9 月。 **故障现象：** 据车主反应，此车在正常行驶过程中，变速器内部发出不均匀的碰撞声、换挡困难；有时跳挡或根本挂不上任何挡位。根据客户要求进行检查，确定故障并予以修复

任务　检修手动变速器

任务描述

一、学习目标

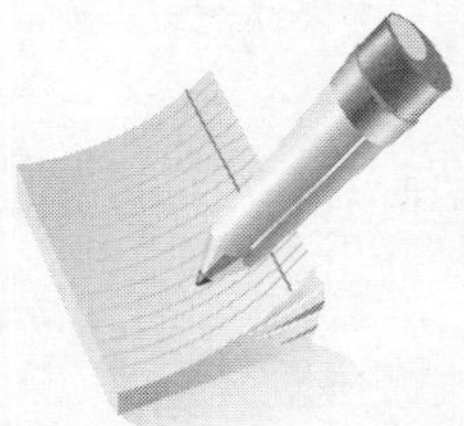

1. 能够完成手动变速器的分解；
2. 能够完成齿轮变速机构的检修；
3. 能够完成内部换挡操纵机构的检修；
4. 能够完成手动变速器的组装

二、学习内容

1. 分解手动变速器；
2. 检修齿轮变速机构；
3. 检修内部换挡操纵机构；
4. 组装手动变速器

项目1　分解手动变速器

一、知识链接

1. 变速器的功用

变速器的功能首先是根据不同的道路和交通情况，改变汽车的驱动力和汽车行驶速度；其次，利用变速器的空挡切断发动机的动力传递；另外，在发动机转动方向不变的前提下，实现汽车倒退行驶，如图3-1所示。

2. 手动变速器的分类

手动变速器，也称手动挡，英文全称为Manual Transmission，简称MT，即用手拨动变速杆才能改变变速器内的齿轮啮合位置，改变传动比，从而达到变速的目的。踩下离合器踏板时，方可拨得动变速杆。手动变速器传统的分类方式有二轴式和三轴式，按照挡位的数量又分为四速、五速或六速变速器。常见手动变速器的布置形式，如图3-2、图3-3所示。

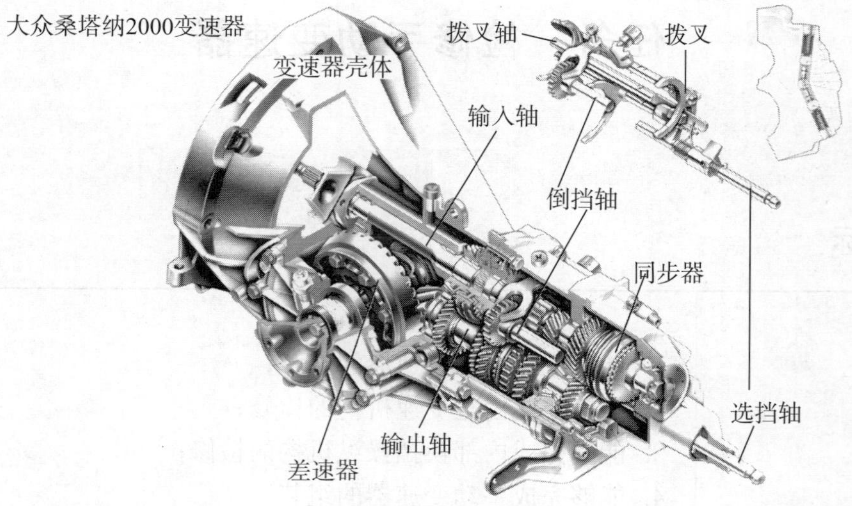

图 3－1　汽车变速器结构图

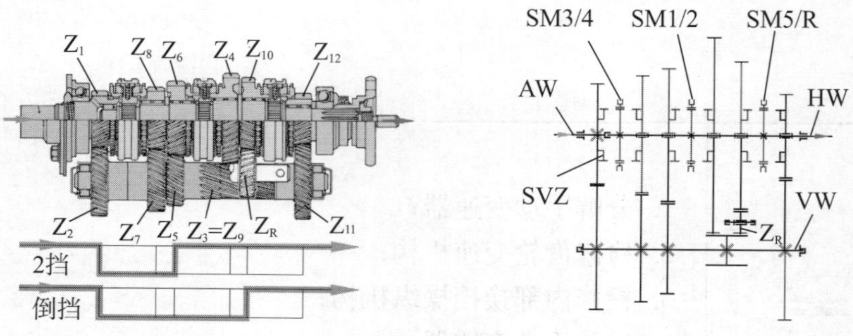

图 3－2　发动机前置后轮驱结构示意图

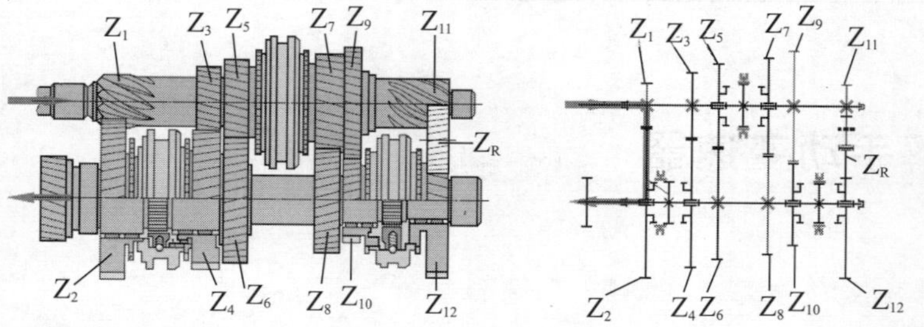

图 3－3　发动机前置前轮驱结构示意图

3. 手动变速器齿轮变速机构的组成

传动轴的布置形式通常有三轴式(图 3－4、图 3－5)和两轴式两种。通常后轮驱动的汽车会采用三轴式变速器,即输入轴,输出轴和中间轴。输入轴前端借离合器与发动机相联,输出轴后端通过凸缘与万向传动装置相联。输入轴与输出轴置于同一条水平线上,中间轴则与它们平行布置。动力通过齿轮从输入轴传至中间轴再传至输出轴。前驱的汽车在许多变速器中输入轴和输出轴能接合在一起,因此动力不必经过中间轴(图 3－6),这时的挡位称为直接挡,大众桑塔纳 2000 手动变速器采用的就是两轴式。

图 3-4 三轴式齿轮变速机构的组成

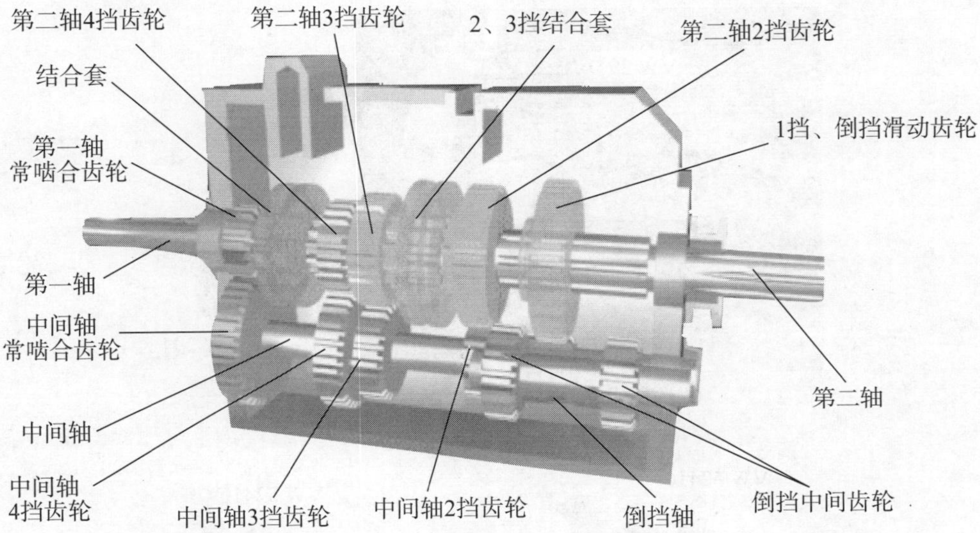

图 3-5 三轴式齿轮变速机构零部件名称

图 3-6 二轴式齿轮变速机构的组成

4. 分解大众桑塔纳 2000 手动变速器的要点及用到的专用工具

(1) 将变速器安装到拆装翻转架上(专用工具 VW 540、VW 313),如图 3-7 所示。

(2) 锁住输入轴(专用工具 VW 294),如图 3-8 所示。

(3) 取下变速器后盖(专用工具 VW 5241C),如图 3-9 所示。

(4) 取下第五挡同步器(专用工具 Kukko 20-10),如图 3-10 所示。

(5) 拆下第五挡轴承内圈和固定垫圈(专用工具 Kukko 20-10),如图 3-11 所示。

(6) 取下输出轴第五挡齿轮紧固锁母(专用工具 VW 294),如图 3-12 所示。

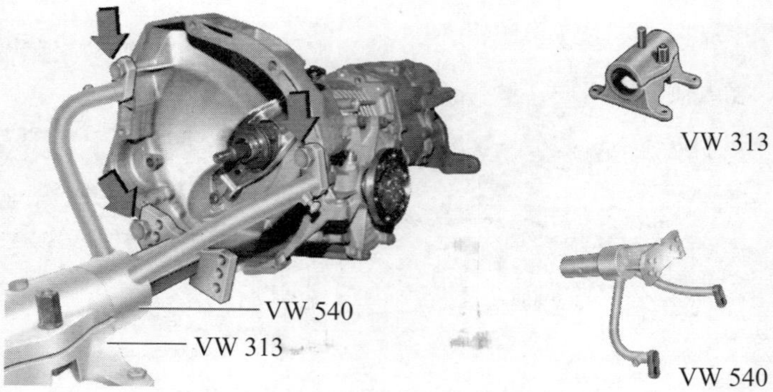

图 3-7　固定变速器到翻转架上

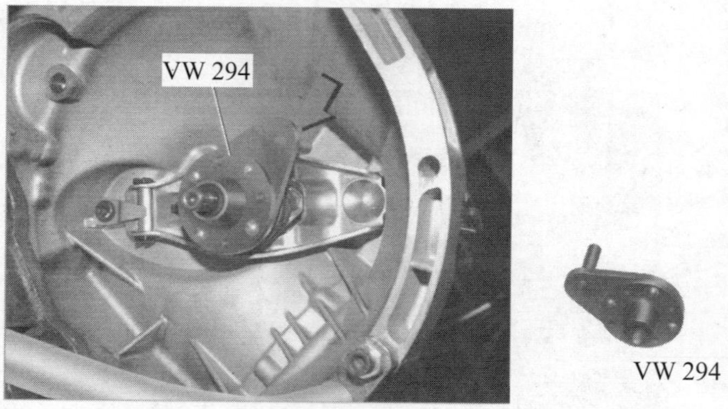

图 3-8　锁住输入轴

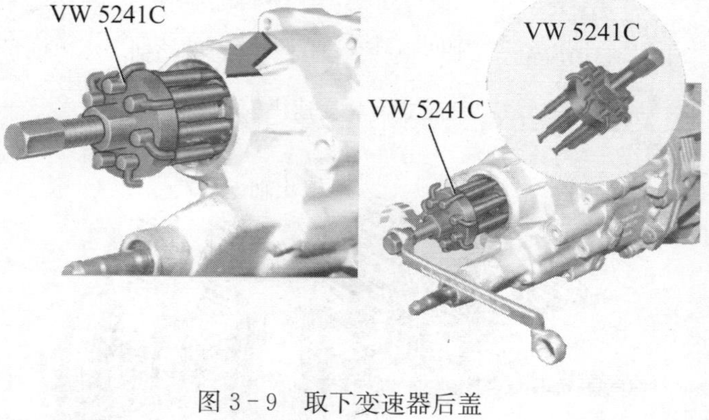

图 3-9　取下变速器后盖

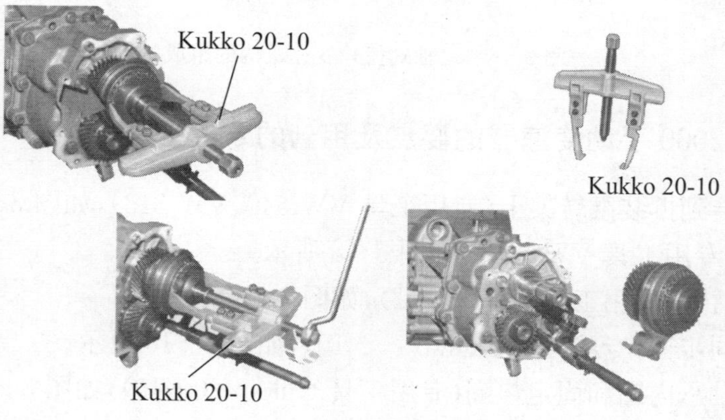

图 3-10　取下第五挡同步器

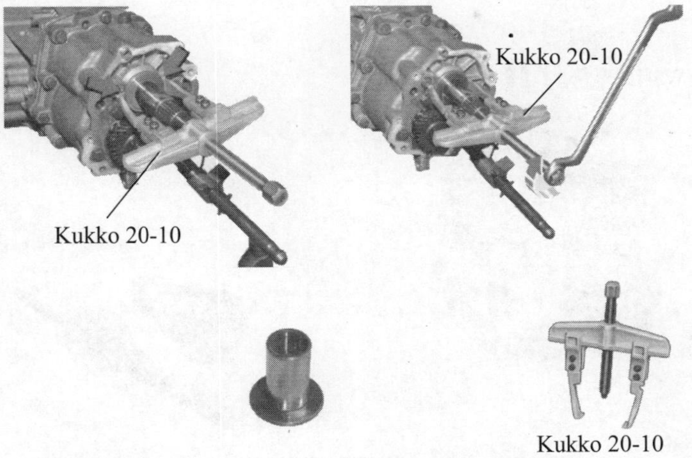

图 3－11　拆下第五挡轴承内圈和固定垫圈

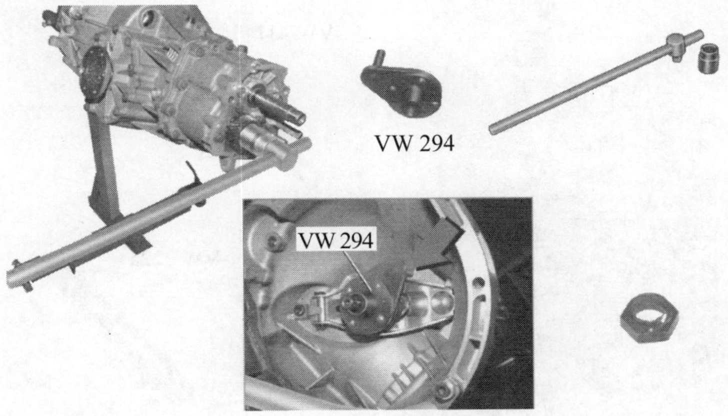

图 3－12　取下输出轴第五挡齿轮紧固锁母

(7) 拆下输入轴的第五挡抽轮(专用工具 Kukko 20－10)，如图 3－13 所示。

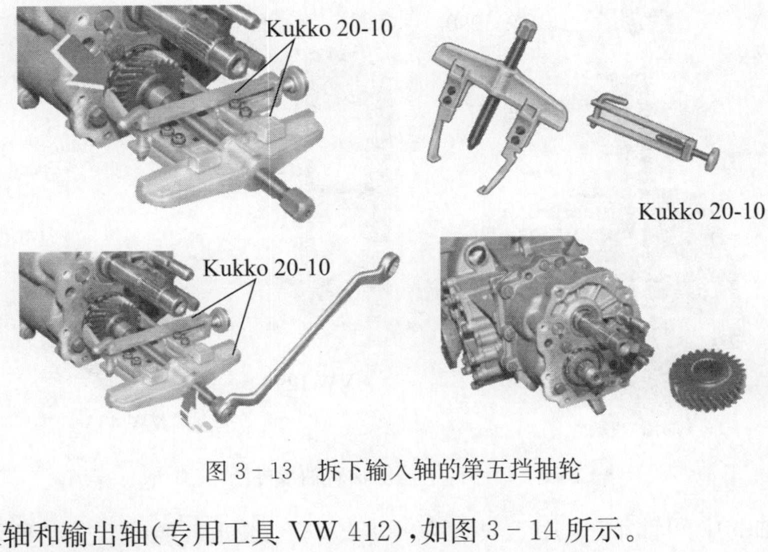

图 3－13　拆下输入轴的第五挡抽轮

(8) 拆下输入轴和输出轴(专用工具 VW 412)，如图 3－14 所示。
(9) 拆卸换挡滑杆衬套(专用工具 VW 411、VW 222a)，如图 3－15 所示。
(10) 拆下输出轴后轴承外圈(专用工具 VW 1290、VW 407、VW 433)，如图 3－16 所示。

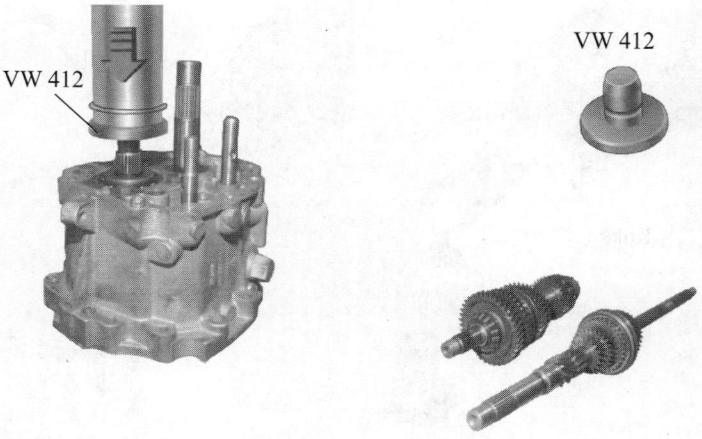

图 3－14　拆下输入轴和输出轴

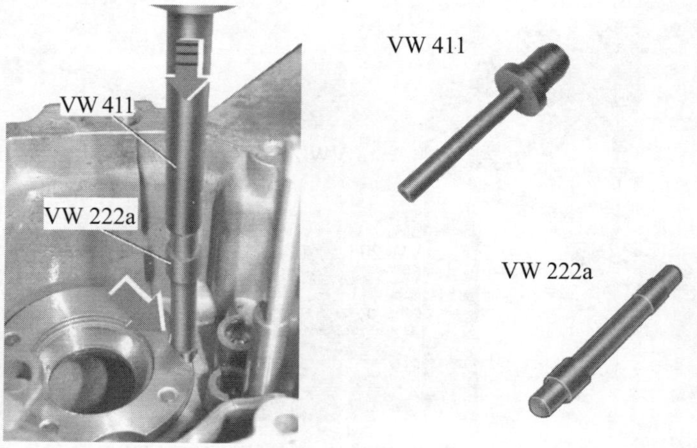

图 3－15　拆卸换挡滑杆衬套

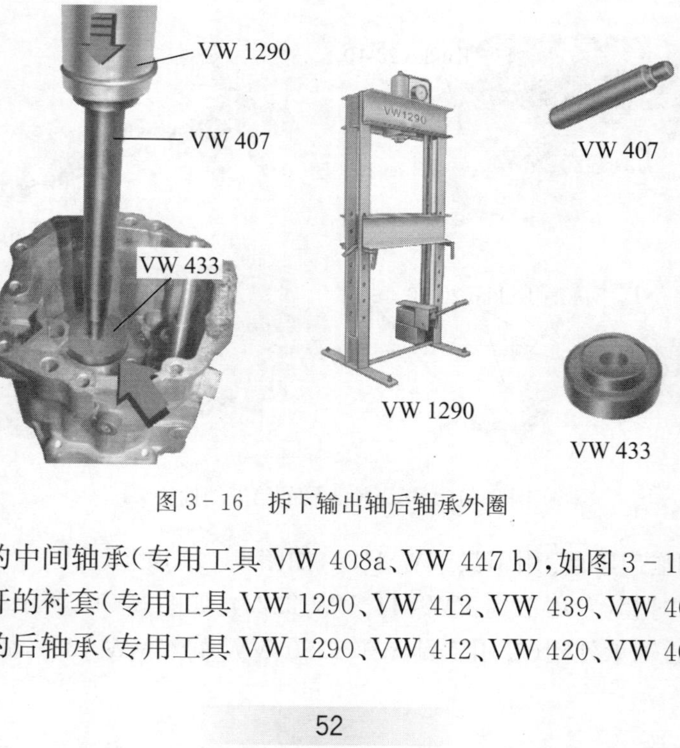

图 3－16　拆下输出轴后轴承外圈

(11) 拆下输入轴的中间轴承(专用工具 VW 408a、VW 447 h)，如图 3－17 所示。

(12) 拆下内换挡杆的衬套(专用工具 VW 1290、VW 412、VW 439、VW 401)，如图 3－18 所示。

(13) 拆下输入轴的后轴承(专用工具 VW 1290、VW 412、VW 420、VW 401)，如图 3－19 所示。

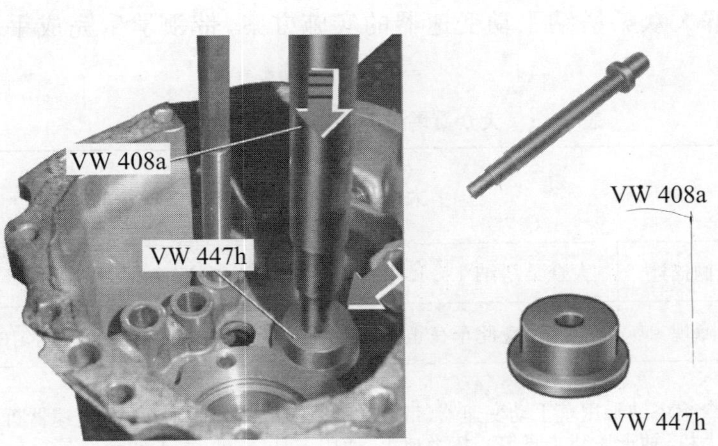

图 3－17　拆下输入轴的中间轴承

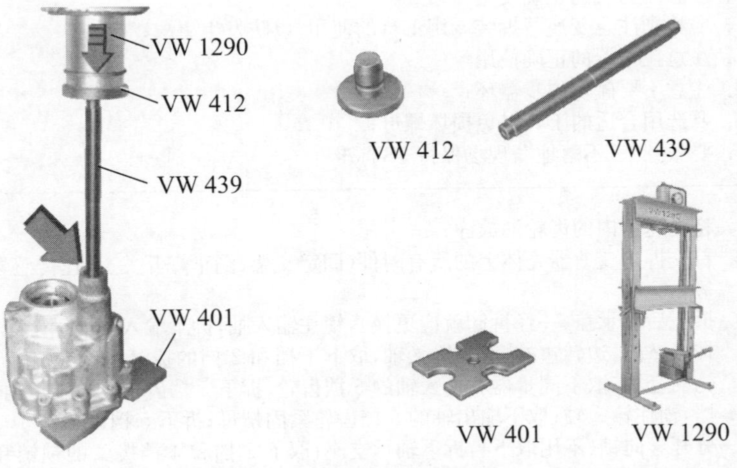

图 3－18　拆下内换挡杆的衬套

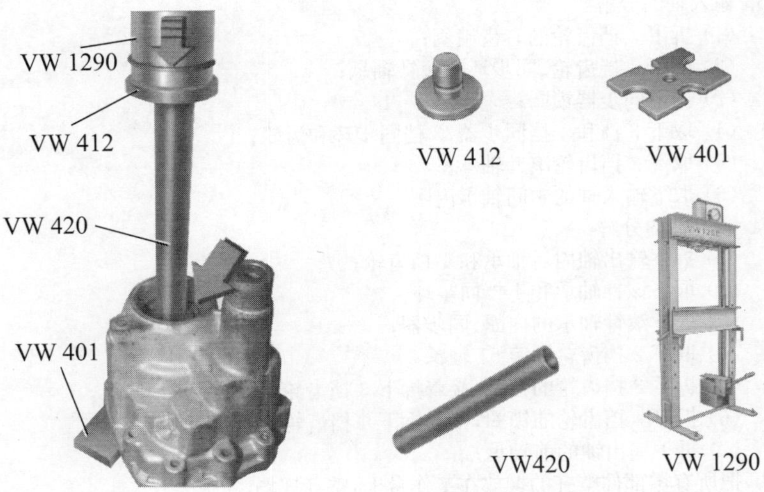

图 3－19　拆下输入轴的后轴承

二、制定方案

根据情境导入中的案例，需要对汽车传动系统中的变速器进行分解。教师在组织教学的过程中，根据制定分解大众桑塔纳手动变速器的实施方案，带领学生完成手动变速器的分解工作，如表 3－1 所示。

表 3－1　大众桑塔纳手动变速器分解方案表

	大众桑塔纳手动变速器分解方案	
车辆信息描述	车辆描述	大众桑塔纳 1.8 L，装备 JV 发动机，2P 五速 MT
	故障现象	客户反应此车在正常行驶过程中，变速器内部发出不均匀的碰撞声
设备/工具/耗材	大众桑塔纳乘用车手动变速器(带翻转架)一台，维修手册一本，变速器拆装专用工具(拉拔器、压力机、轴承压装工具等)，扭力扳手，通用工具，集油盆，工作台	
安全要求及注意事项	1. 注意压力机的正确使用； 2. 要特别注意变速器拆装专用工具的使用，以防发生事故； 3. 注意拉拔器的正确使用； 4. 注意不要碰伤同步器环； 5. 要选用合适的工具以免损坏螺母； 6. 要做到“三不落地”、现场保持 5S 标准	
操作步骤	1. 将变速器内的齿轮油放净； 2. 首先拆除变速器壳体上的所有附件(固定支架、倒车灯开关、车速传感器、外部换挡机构部件等)； 3. 拆下后轴承盖(一经拆卸就应更换)，锁住输入抽，拆下输入抽的固定螺栓； 4. 挂入 2 挡，边转边拉，取下拨叉轴，取下 1 挡和 2 挡的拨叉；取出锁销，取下拨叉轴和 5 挡齿轮的套管；取下同步器和输入轴的 5 挡齿轮，拆下 5 挡齿轮滚针轴承内圈和固定垫圈；挂上 1 挡，锁住输入轴；取下输出轴的 5 挡齿轮紧固螺母；拆下 5 挡齿轮； 5. 分开导向锁(不用取下)，拆下轴承支座；取下 3 挡和 4 挡拨叉的锁销和拨叉轴；拆下倒挡自锁装置，再拆下倒挡拨叉轴；拆下输入轴和输出轴，输出轴的外后轴承也同时取下，取出倒挡轴和齿轮，再取下倒挡传动臂；拆下输入轴、轴出轴； 6. 输入轴的分解： (1) 拆下 4 挡齿轮的有齿锁圈； (2) 取下 4 挡齿轮、同步环和滚针轴承； (2) 拆下同步器锁圈； (4) 取下 3 挡和 4 挡同步器、3 挡同步环和齿轮； (5) 取下 2 挡齿轮滚针轴承； (6) 取下输入轴的中间轴承内圈； 7. 输出轴的分解： (1) 拆下输出轴内后轴承和 1 挡齿轮； (2) 取下该针轴承和 1 挡同步环； (3) 取下滚针轴承的内圈、同步器； (4) 取下 2 挡齿轮的滚 51 轴承； (5) 拆下 3 挡齿轮的锁蹈，接着拆下 3 挡齿轮； (6) 拆下 4 挡齿轮的锁圈，接着拆下 4 挡齿轮； (7) 拆下输出轴的前轴承； 8. 把所有零部件整齐的摆放在工作台上，整理现场，完成工作	

教师对学生进行分组，每组选出一个小组长，小组长根据小组成员任务分工不同，确定不同任务的责任人。小组成员任务的划分可以参考下面的小组任务分配表，如表 3－2 所示。

表 3－2　小组任务分配表

	小组任务	个人职责(任务)	小组成员
1	设备管理	主要负责专用工具与压力机的操作	
2	工具管理	主要负责工具管理与清洁	
3	零部件管理	主要负责拆下的螺栓、零部件的整齐摆放与清洁	
4	变速器后盖的拆装	拆卸和装配后盖	
5	第五挡同步器及齿轮对的拆装	拆卸和装配第五挡同步器和齿轮	
6	变速器轴承支座的拆装(包括齿轮变速机构总成的拆装)	拆卸和装配轴承支座和输入轴、输出轴总成	
7	分解和装配输入轴	分解和装配输入轴	
8	分解和装配输出轴	分解和装配输出轴	
9	拆卸和装配倒挡轴和内部换挡操纵机构	拆卸和装配倒挡轴和内部换挡操纵机构	

实训中如果没有该车型，可以参考大众桑塔纳手动变速器分解方案表，并查阅该实训车型的维修手册，制定该车型手动变速器的分解实施方案，如表 3－3 所示。

表 3－3　手动变速器分解方案表

	________乘用车手动变速器分解方案	
车辆信息描述	车辆描述	
	故障现象	
设备/工具/耗材		
安全要求及注意事项		
操作步骤		

三、实施

依据制定方案实施，并填写项目单，如表 3-4 所示。

表 3-4　实训结果项目表

	部件图	部件名称	检查内容	检查结果
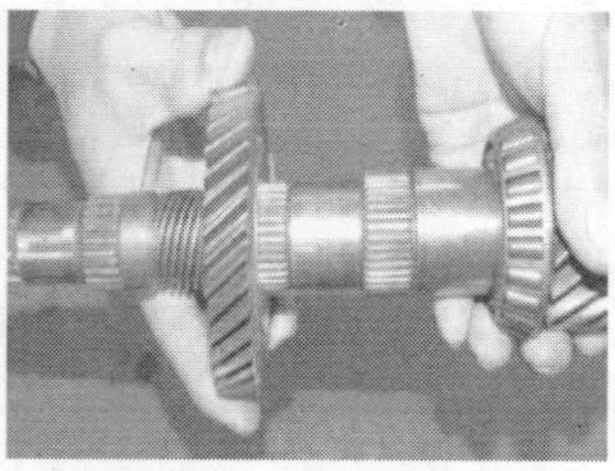			缺齿、磨损、裂纹、锈蚀、松旷	
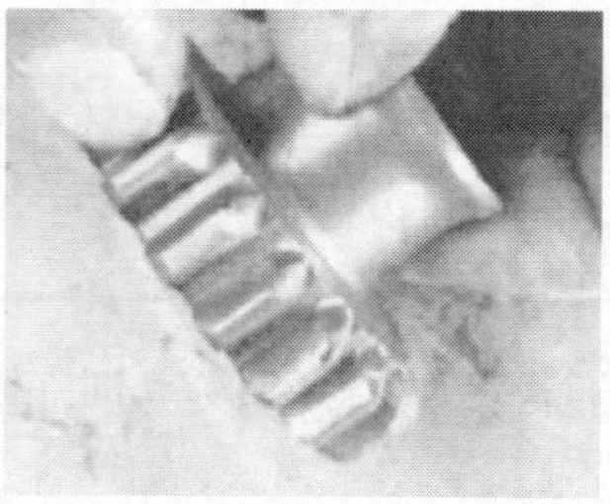			缺齿、磨损、裂纹、锈蚀、损伤	

请回答下列问题	
1. 变速器后盖固定螺栓有几条？ 2. 所用工具规格是多少？ 3. 取下后盖专用工具的名称是什么？	
4. 拆装输出轴上紧固第五挡齿轮的螺栓所用工具的规格是多少？	
5. 变速器轴承支座与驱动桥壳的联接螺栓有几条？所用工具规格是多少？ 6. 变速器轴承支座上共有几个轴承？	
7. 输入轴上一共有几个同步器？几个齿轮？ 8. 出入轴上有几个空转齿轮？几个固定齿轮？	
9. 一共有几个同步器？名称分别是什么？	
10. 同步器花键毂内齿有多少？	
11. 主动锥齿轮是与输入轴还是输出轴连成一体的？	

四、作业

1. 通过实训后完善本任务的实施方案。

2. 写出图 3－3 中数字所代表的零部件名称。

五、知识拓展

1. 手动变速器的变速传动原理

1）齿轮的变速原理

齿轮是在外圈加工出轮齿的轮子，通常用于将转动力从一根轴传到另一根轴上。一般将两个大小不同的齿轮配合使用，以改变输出速度和转矩（旋转功能），如图 3－20 所示。

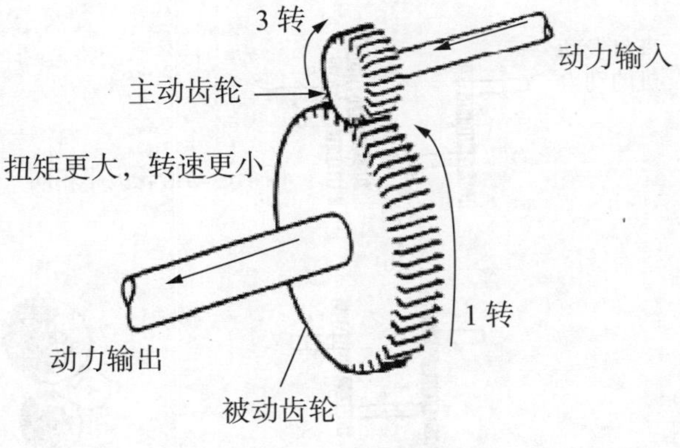

图 3－20　齿轮变速原理

传动比是主动齿轮（即输入轴）转速与被动齿轮（即输出轴）转速之比，通常用被动齿轮的齿数除以主动齿轮的齿数得出。

例如，当主动齿轮齿数为 12，而被动齿轮齿数为 24 时，传动比应为 2，即主动齿轮转两圈才能使被动齿轮转一圈。这样，较大的被动齿轮的转速刚好是主动齿轮的一半，但较大的输出轴上的扭矩则是输入轴上转矩的两倍，如图 3－21 所示。

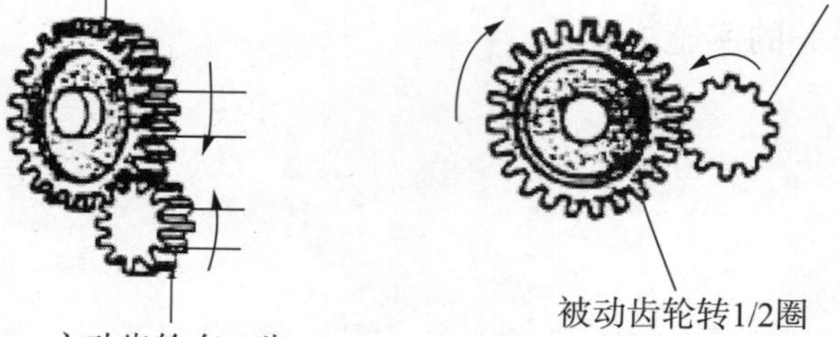

图 3-21　齿轮传动比

由此可见，不同尺寸的主动齿轮与被动齿轮的结合可以构成不同的传动比。当小齿轮（主动齿轮）带动大齿轮（被动齿轮）时，传动比＞1，则输出轴（被动齿轮）的转速下降，转矩增加，称为减速传动。当大齿轮（主动齿轮）带动小齿轮（被动齿轮）时，传动比＜1，则输出轴（被动齿轮）的转速增加，转矩下降，称为增速传动。当主动齿轮和被动齿轮相同时，传动比＝1，则输出轴（被动齿轮）的转速和转矩都不变，称为等速传动。由此可见，

$$传动比=\frac{主动轴转速}{被动轴转速}=\frac{被动齿轮齿数}{主动齿轮齿数}$$

2）变速器的变速传动原理

变速器（三轴式）齿轮有输入轴齿轮、中间轴齿轮、输出轴齿轮以及倒挡齿轮。其传动原理如图 3-22 所示。

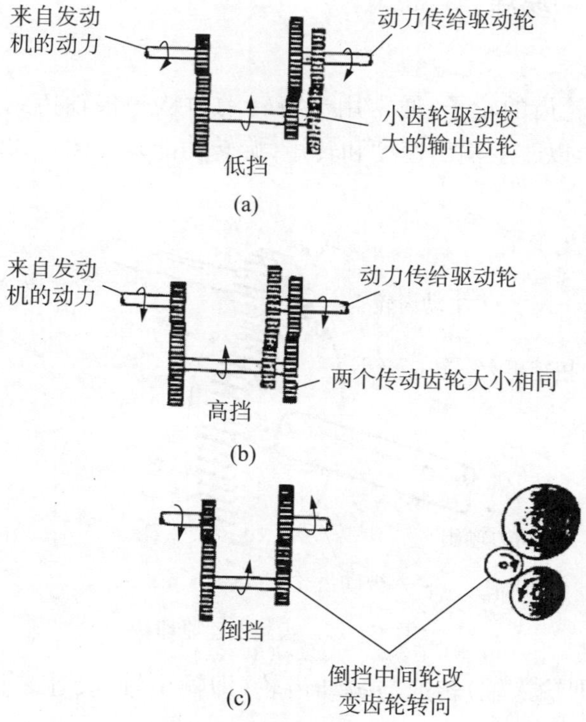

图 3-22　变速器的传动原理

在低速挡时（图 3-22(a)），输入轴齿轮带动中间轴齿轮转动，与中间轴相连的齿轮都转速相同，中间轴上的小齿轮带动输出轴上的较大齿轮，形成减速传动。

在高速挡时(图 3 - 22(b)),输入轴齿轮仍带动中间轴齿轮转动,由于中间轴上的齿轮和输出轴上齿轮大小一样,所以输出轴转速比抵挡时要高,形成增速传动,但转矩减小。

在倒挡时(图 3 - 22(c)),输入轴齿轮仍带动中间轴齿轮转动不变,在中间轴的齿轮和输出轴的齿轮中间增加了倒挡齿轮(惰轮),因此输出轴旋转方向不变,实现倒向行驶。

2. 自动变速器

自动变速器的英文全称为 Auto Transmission,简称 AT,它是由液力变扭器、行星齿轮和液压操纵系统组成,通过液力传递和齿轮组合的方式来达到变速变矩,如图 3 - 23 所示。

图 3 - 23　自动变速器

和手动变速器相比,自动变速器在结构和使用上有很大不同。手动变速器主要通过调节不同齿轮组合来更换挡位,而自动变速器是通过液力传递和齿轮组合的方式来达到变速的目的。其中液力变扭器是自动变速器最具特点的部件,它由泵轮、涡轮和导轮等构件组成,泵轮和涡轮是一对工作组合,泵轮通过液体带动涡轮旋转,而泵轮和涡轮之间的导轮通过反作用力使泵轮和涡轮之间实现转速差并实现变速变矩功能。

对驾驶人来说,只需要以不同力度踩住踏板,变速器就可以自动进行挡位升降。由于液力变矩器的变速变矩范围不够大,因此在涡轮后面再串联几排行星齿轮提高效率,液压操纵系统会随发动机工作变化自行操纵行星齿轮,从而实现自动变速变矩。为了满足行驶过程中的多种需要(如泊车、倒车)等,自动变速器还设有一些手动拨杆位置,像 P 挡(停泊)、R 挡(倒挡)、N 挡(空挡)、D 挡(前进)等。

项目 2　检修齿轮变速机构

一、知识链接

1. 手动变速器的基本工作原理

通过不同齿数齿轮对的啮合传动,改变输出的转速和转矩。如以大齿轮带动小齿轮,则输出转速升高、转矩下降;如以小齿轮带动大齿轮,则输出转速降低、转矩增大,如图 3 - 24、图 3 - 25 所示。

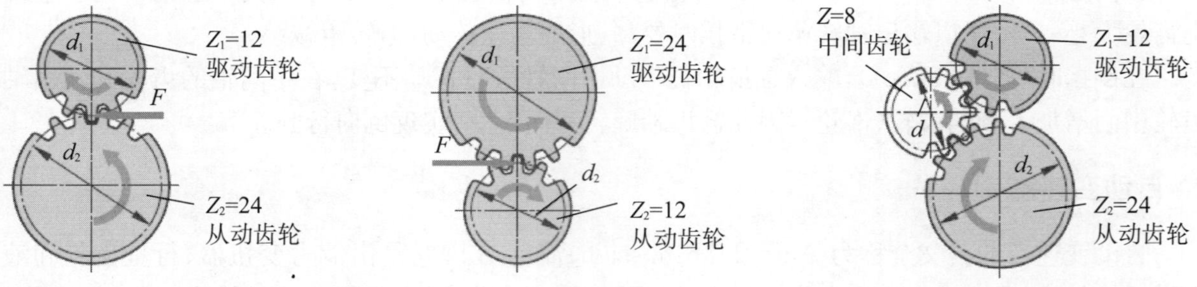

500 r/min	200 N·m	2 000 r/min	50 N·m	500 r/min	200 N·m
100 mm	2	25 mm	0.5	100 mm	2

图 3-24　手动变速器工作原理(一)

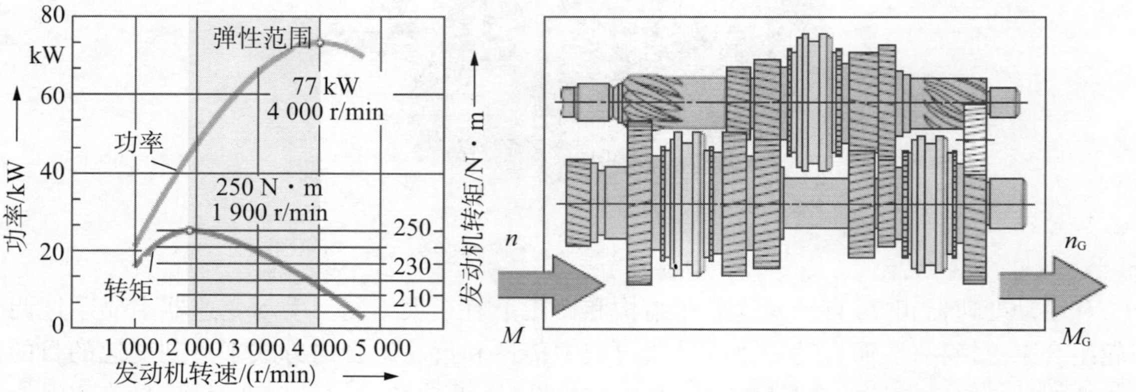

图 3-25　手动变速器工作原理(二)

2. 同步器的结构组成

尽管同步器结构形式多样,但大都是相似的,都有花键毂、同步器接合套、锁环(或同步器齿环)、滑块和弹簧;另外,加工在待啮合换挡齿轮上的外锥面和齿轮接合齿,也是同步器组件的组成部分,如图 3-26 所示。

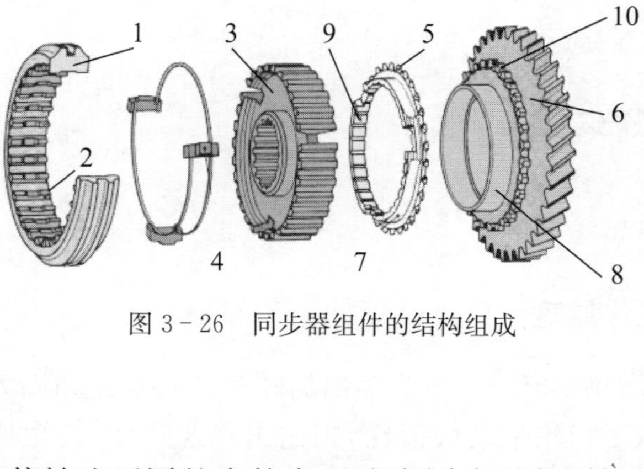

图 3-26　同步器组件的结构组成

3. 同步器的检修

同步器的主要作用是使转速不同的齿轮实现速度同步(同速转动),并将这些齿轮有效地锁定在一起，形成不同的挡位，如图 3－27 所示。同步器损坏会造成换挡困难，应及时进行检修。

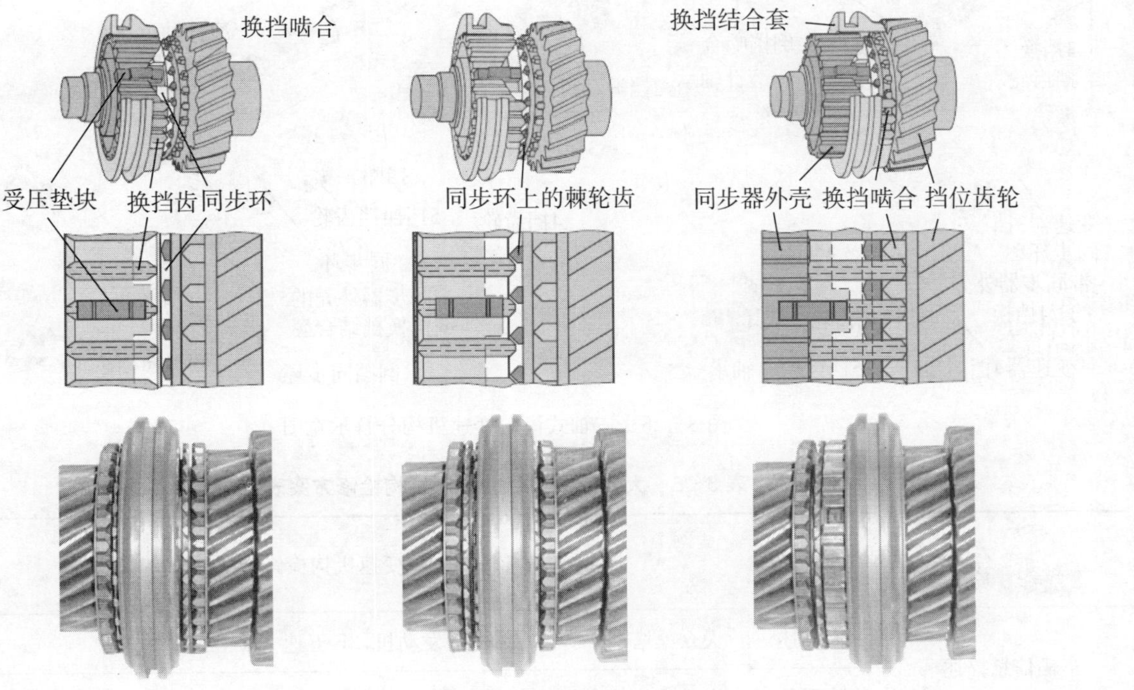

图 3－27　同步器的工作过程

(1) 检查同步器毂。将同步器结合套安装在同步器毂上，检查其滑动是否平滑，结合套有无磨损以及同步器毂前端的磨损程度，如有磨损，则更换新件。

(2) 检查同步器滑块和同步器弹簧。主要检查同步器滑块中心凸起部位是否磨损，同步器弹簧弹力是否减弱，弹簧是否扭曲和破损。必要时，应更换新件。

(3) 同步环的检查。应检查同步环的变形、裂纹和磨损情况。检查磨损的方法是将同步环压在与之相配的齿轮的锥面上，用塞尺检查同步环与齿轮之间的端面间隙。

(4) 同步器接合套的检查。需检查同步器接合套的内齿部分是否有磨损或裂缝。方法是将接合套放在有滑块的花键毂上，应能带动滑块沿同步器毂的轴向顺利移动，否则应更换同步器接合套。

4. 齿轮变速机构的检修

手动变速器中齿轮组较多，需要有针对性的检查。例如，2 挡有时出现挂挡困难，分解后对应 2 挡的换挡齿轮检查，间隙大小，齿圈磨损程度，挡圈是否脱落等，如图 3－28 所示。

二、制定方案

根据情境导入中的案例，需要对汽车传动系统中手动变速器的齿轮变速机构进行检修。教师在组织教学的过程中，根据制定检修大众桑塔纳齿轮变速机构的实施方案，带领学生完成齿轮变速机构的检修工作，如表 3－5 所示。

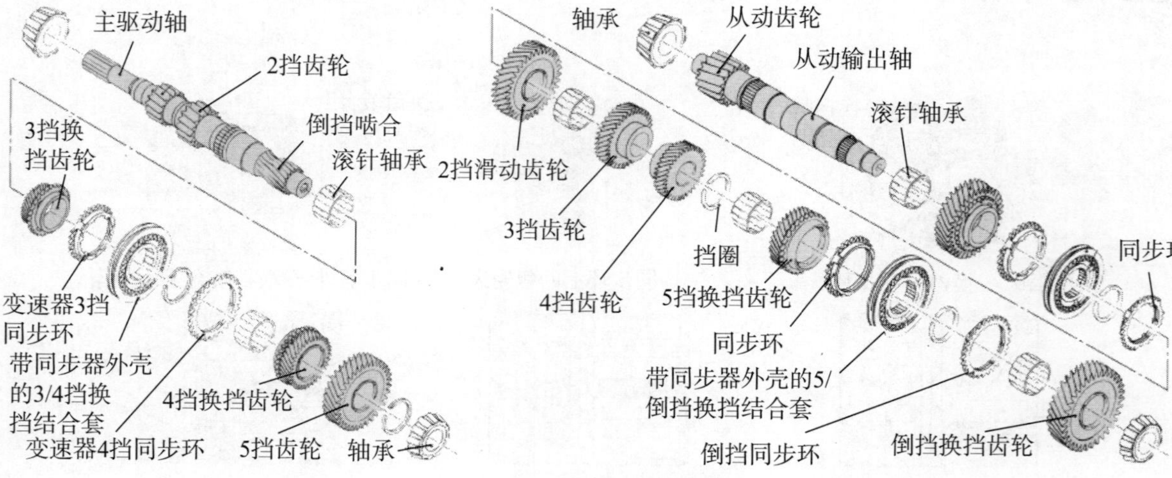

图 3-28　二轴式齿轮变速机构分解示意图

表 3-5　大众桑塔纳齿轮变速机构检修方案表

	大众桑塔纳齿轮变速机构检修方案	
车辆信息描述	车辆描述	大众桑塔纳 1.8 L,装备 JV 发动机,2P 五速 MT
	故障现象	客户反应此车行驶中变速器有异响
设备/工具/耗材	大众桑塔纳乘用车手动变速器(带翻转架)一台,维修手册一本,变速器拆装专用工具(拉拔器、压力机、轴承压装工具等),卡簧钳,通用工具,集油盆,塞尺,工作台	
安全要求及注意事项	1. 注意卡簧钳的正确使用; 2. 要特别注意分解同步器组件时不要丢失小零件; 3. 注意在拆装卡簧时不要直视,以免损伤眼睛; 4. 滚针轴承要轻轻取下,避免丢失滚针; 5. 要选用合适的工具、齿轮比较锋利,注意划伤; 6. 要做到"三不落地"、现场保持 5S 标准	
操作步骤	1. 放净齿轮油,并分解变速器(此工作在项目 1 中已完成); 2. 分解各个同步器组件; 3. 目视检查同步器环的接合齿是否过度磨损、变形、裂纹等,同步器环的内锥面的沟槽是否过度磨损,如有以上现象应更换同步器总成; 4. 检查同步器结合套内花键和花键毂有无花键变窄、台阶、过度磨损等,检查结合套和花键毂滑动是否顺畅,间隙是否过大,如有应更换同步器总成; 5. 用手按压换挡齿轮和同步器环,保持压下的同时,用厚薄规测量同步器环与换挡齿轮的间隙,如超出规定值应更换同步器环或换挡齿轮; 6. 检查换挡拨叉与同步器结合套接触位置是否有异常磨损或机械损坏,如有更换换挡拨叉或同步器; 7. 检查同步器滑块是否有异常磨损; 8. 测量并记录拨叉与结合套的配合间隙,查询维修手册中的标准间隙并与测量值进行比较; 9. 对所有齿轮进行检查,更换损坏或磨损严重的齿轮(变速齿轮必须成对更换); 10. 检查输入轴、输出轴、倒挡轴的磨损及损伤情况,必要时更换新品; 11. 检查所有齿轮的磨损及损伤情况,必要时更换新品; 12. 清点、清洁所有零部件(密封件为一次性用品,必须更换新品);做好组装前的准备工作; 13. 整理现场,完成工作	

教师对学生进行分组，每组选出一个小组长，小组长根据小组成员任务分工不同，确定不同任务的责任人。小组成员任务的划分可以参考下面的小组任务分配表，如表3-6所示。

表3-6　小组任务分配表

	小组任务	个人职责(任务)	小组成员
1	设备管理	主要负责翻转架及工作台的管理	
2	工具管理	主要负责工具管理与清洁	
3	零部件管理	主要负责拆下的螺栓、零部件的整齐摆放与清洁	
4	输入轴上同步器及齿轮的检查	检查同步器及齿轮	
5	输出轴上同步器及齿轮的检查	检查同步器及齿轮	
6	输入轴的检查	检查输入轴检查	
7	输出轴的检查	检查输出轴	
8	倒挡轴、倒挡轮的检查	检查倒挡轴、倒挡轮	
9	壳体的检查	检查壳体	

实训中如果没有该车型，可以参考大众桑塔纳齿轮变速机构检修方案表，并查阅该实训车型的维修手册，制定该车型齿轮变速机构检修方案，如表3-7所示。

表3-7　齿轮变速机构检修方案表

	________乘用车齿轮变速机构检修方案	
车辆信息描述	车辆描述	
	故障现象	
设备/工具/耗材		
安全要求及注意事项		
操作步骤		

三、实施

依据制定方案实施，并填写项目单，如表 3－8 所示。

表 3－8　实训结果项目表

	部件图	部件名称	检查内容	检查结果
			磨损、缺齿、卡滞、缺失、折断、完好	
			磨损、损伤、裂纹、锈蚀、完好	

请回答下列问题

1. 同步器环不仅在内面制有环形纹，而且在轴向还制有多条槽，它们的作用是什么？	
2. 写出你所检查的同步器名称，并写出它有几个滑块？几个环形弹簧？	
3. 写出输入轴上有几个限位卡环？分别限制什么部件轴向移动？	
4. 写出输出轴上有几个限位卡环？分别限制什么部件轴向移动？	
5. 倒挡轮既能转动也能轴向滑动吗？ 6. 倒挡轮有多少个齿？ 7. 与倒挡对应的输入轴上的齿轮有多少齿？ 8. 与倒挡对应的输出轴上的齿轮有多少齿？ 9. 试着计算一下此倒挡的传动比是多少？	

四、作业

1. 通过实训后完善本任务的实施方案。

2. 写出图 3－26 中数字序号所对应的零部件名称。

五、知识拓展

CVT(Constant Variable Transmission)技术即无级变速技术，它采用传动带和工作直径可变的主、从动轮相配合来传递动力，可以实现传动比的连续改变，从而得到传动系统与发动机工况的最佳匹配。常见的无级变速器有液力机械式无级变速器和金属带式无级变速器(VDT－CVT)，目前国内市场上采用 CVT 的车型已经越来越多。

图 3－29　无级变速器内部结构

无级变速器与常见的液压自动变速器最大的不同是在结构上，后者是由液压控制的齿轮变速系统构成，还是有挡位的，它所能实现的是在不同挡位之间的有级变速，而无级变速器则是两组变速轮盘和一条传动带组成的(图 3－29)，比传统自动变速器结构简单，体积更小。另外，它可以自由改变传动比，从而实现全程无级变速，使车速变化更为平稳，没有传统变速器换挡时那种“顿”的感觉。

项目 3　检修内部换挡操纵机构

一、知识链接

1. 手动变速器内部换挡操纵机构

变速器操纵机构通常由换挡拨叉机构和定位锁止装置两部分组成，如图 3－30、图 3－31 所示。

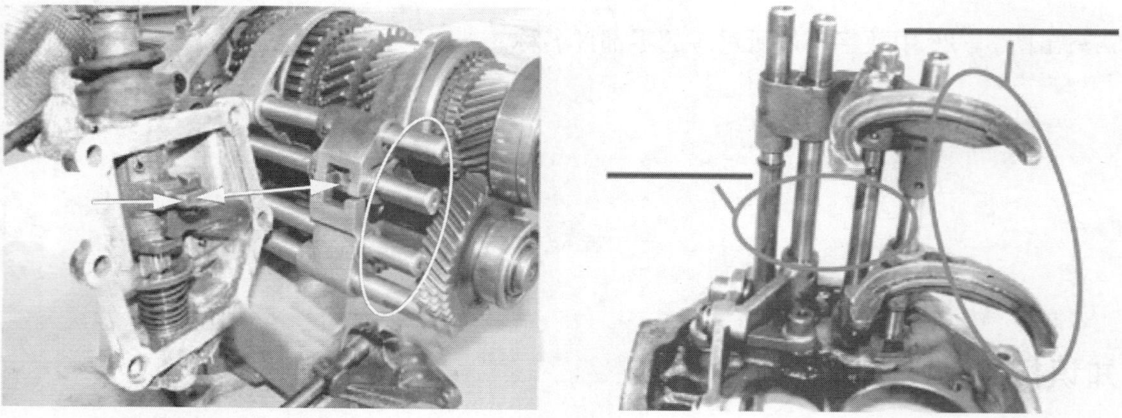

图 3－30　内部换挡机构布置图

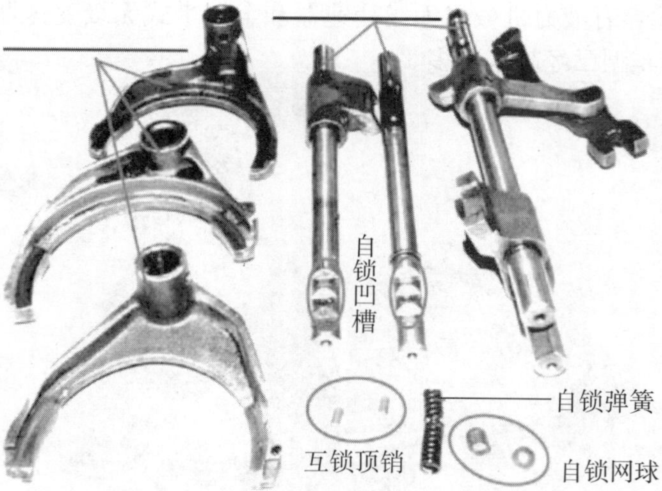

图 3－31　拨叉、拨叉轴及互锁与自锁装置

检测方法：

变速叉的弯扭变形可用专用量具检验，变形严重应进行校正（变速叉端面对其轴孔轴线的垂直度误差应不大于 0.2 mm）。变速叉端面磨损大于 0.4 mm 或与滑动齿套环形槽的配合间隙大于 1.0 mm（标准为 0.2～0.45 mm）；导块凹槽磨损大于 0.6 mm 或与变速杆下端球头的配合间隙大于 1.2 mm，均应进行更换。变速叉轴承孔磨损大于 0.12 mm 或与叉轴的配合间隙大于 0.3 mm，应进行更换。变速叉出现裂纹应更换新件。

换挡拨叉的检查。需检查换挡拨叉与相配的同步器接合套的侧面间隙。方法是用塞尺测量二者的间隙。若标准值为 0.45～0.65 mm，使用极限为 1 mm，超过极限应更换换挡拨叉。

2. 互锁、自锁装置

互锁装置(防止双重啮合机构)的作用是阻止两个拨叉轴同时移动，保证不同时挂入两个挡位。如果两个换挡拨叉同时移动，致使两个挡位的齿轮同时进入啮合，这样输出轴不再转动，轮胎突然停止转动从而出现非常危险的状态，所以必须有效防止同时挂入两个挡位。互锁装置一般采用锁球式或锁销式，其结构原理如图 3－32 所示。

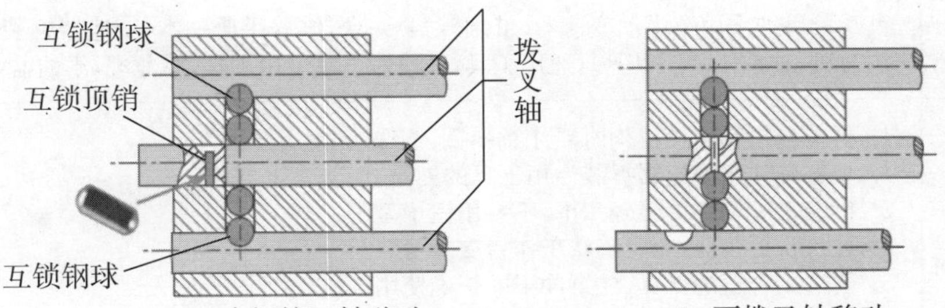

(a) 中间拨叉轴移动　　(b) 下拨叉轴移动

图 3－32　互锁装置工作原理图

自锁装置(换挡锁止机构)的作用是防止自动脱挡，并能保证齿轮在全齿长上啮合。变速器的自锁装置都是采用定位钢球对拨叉轴进行轴向定位锁止，每个换挡拨叉轴上有三个凹槽，换挡时定位钢球通过弹簧推入凹槽。这样可防止变速器脱挡并给予驾驶人有较好的换挡手感，如图3－33 所示。

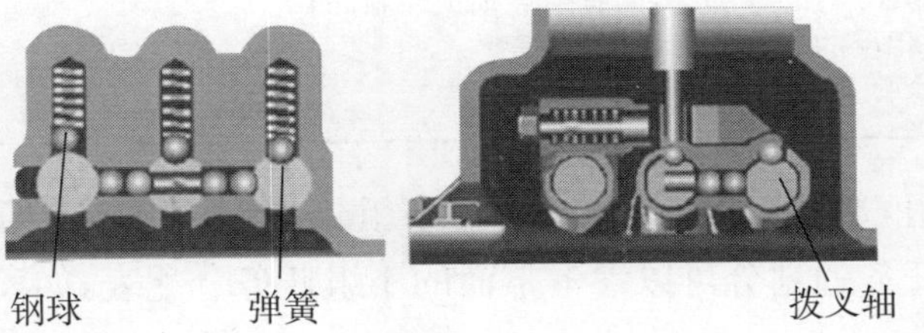

图 3－33　自锁装置工作原理图

检测方法：

变速叉轴及互锁、自锁装置的检修：变速叉轴的弯曲及磨损；自锁及互锁凹槽的磨损；定位球及互锁销的磨损；定位弹簧变软或折断等，均会使变速器跳挡及乱挡的可能性增大。

变速叉轴的弯曲变形可支承于 V 形铁上，用百分表测量，其中部的径向圆跳动应不大于 0.2 mm。或放于平板上用塞尺测量，其缝隙应不大于 0.1 mm。否则应冷压校正。用外径千分尺或游标卡尺测量，变速叉轴轴颈磨损超过 0.15 mm 应予更换。变速叉轴上定位及互锁凹槽轴向磨损量大于 0.5 mm、径向磨损量大于 0.2 mm，可更换。

定位球、互锁销磨损严重，定位弹簧过软(弹簧放入孔中应与孔的边缘平齐)或折断，均应更换新件。

二、制定方案

根据情境导入中的案例，需要对汽车传动系统中的变速器内部换挡操纵机构进行检修。教师在组织教学的过程中，根据制定检修大众桑塔纳内部换挡操纵机构的实施方案，带领学生完成内部换挡操纵机构的检修工作，如表 3-9 所示。

表 3-9　大众桑塔纳内部换挡操纵机构检修方案表

	大众桑塔纳内部换挡操纵机构检修方案	
车辆信息描述	车辆描述	大众桑塔纳 1.8 L，装备 JV 发动机，2P 五速 MT
	故障现象	客户反应此车在(5 挡)行驶过程中，总是自动脱挡，有时什么挡都挂不上
设备/工具/耗材	大众桑塔纳乘用车手动变速器(带翻转架)一台，维修手册一本，变速器拆装专用工具(拉拔器、压力机、轴承压装工具等)，通用工具，变速器拆装专用工具，厚薄规，集油盆，工作台	
安全要求及注意事项	1. 拆装自锁和互锁机构时要注意弹簧、钢珠、锁销不要丢失； 2. 要特别注意变速器拆装专用工具的使用，以防发生事故； 3. 拆装拨叉轴时要轻轻拿下，不要用锤子敲击； 4. 在进行拆装前，一定确认工作台支撑可靠； 5. 要选用合适的工具，注意冲子的正确使用； 6. 要做到“三不落地”、现场保持 5S 标准	
操作步骤	1. 将齿轮油放净，并分解变速器(此工作在项目 1 中已经完成)； 2. 用冲子将拨叉轴上的圆筒销拆下； 3. 将拨叉取下； 4. 拧下在变速器轴承支座上的自锁与互锁装置封口盖； 5. 取出弹簧、自锁钢球、互锁钢球、互锁销等； 6. 取下拨叉轴； 7. 拆下倒挡锁； 8. 检查分解的零部件，如有损坏则更换新品； 9. 按相反的顺序进行装配； 10. 检验、整理现场、完成工作	

教师对学生进行分组，每组选出一个小组长，小组长根据小组成员任务分工不同，确定不同任务的责任人。小组成员任务的划分可以参考下面的小组任务分配表，如表 3-10 所示。

表 3-10　小组任务分配表

	小组任务	个人职责(任务)	小组成员
1	工具管理	主要负责工具管理与清洁	
2	零部件管理	主要负责拆下的螺栓、零部件的整齐摆放与清洁	
3	拆装检查拨叉	拆装检查拨叉	
4	拆装检查自锁与互锁装置	拆装检查自锁与互锁装置	
5	拆装检查拨叉轴	拆装检查拨叉轴	
6	拆装检查倒挡锁	拆装检查倒挡锁	

实训中如果没有该车型，可以参考大众桑塔纳内部换挡操纵机构检修方案表，并查阅实训车型的维修手册，制定该车型内部换挡操纵机构的检修方案，如表 3-11 所示。

表 3-11　内部换挡操纵机构检修方案表

	________乘用车内部换挡操纵机构检修方案	
车辆信息描述	车辆描述	
	故障现象	
设备/工具/耗材		
安全要求及注意事项		
操作步骤		

三、实施

依据制定方案实施，并填写项目单，如表 3-12 所示。

表 3-12　实训结果项目表

	请完成下列问题	
部件名称	检查内容	检查结果
自锁弹簧	锈蚀、裂纹、折断、完好	
拨叉轴	锈蚀、裂纹、弯曲、完好	
拨叉	锈蚀、裂纹、变形、完好	
1. 自锁互锁机构中总共有几个弹簧？几个钢珠？几个锁销？		
2. 拆装堵盖所用工具的规格是多少？		
3. 每根拨叉轴上有几个拨叉？		
4. 每个拨叉所对应的同步器名称是什么？		

四、作业

1. 通过实训后完善本任务的实施方案。

2. 你所实训车辆的倒挡锁是通过什么机构来实现的?

3. 思考:为什么要设置倒挡锁?

五、知识拓展

由于变速器安置位置离驾驶人座位较远,换挡杆及其他操纵装置不能安装在变速器壳体上,而要加装一些辅助传动机构,构成远距离操纵的形式,也称为遥控式换挡机构或换挡操纵装置等,如图 3-34 所示。发动机前置、前轮驱动的乘用车和平头汽车,由于整体布置的需要,一般采用远距离操纵机构。有些车辆的变速器还将换挡杆安装在转向柱上。

远距离操纵式由内、外两部分操纵机构组成。外部操纵机构由拉杆或拉线组成,它们通过控制拨叉轴的运动与变速器壳体内的操纵机构连接,从而实现选挡和换挡。

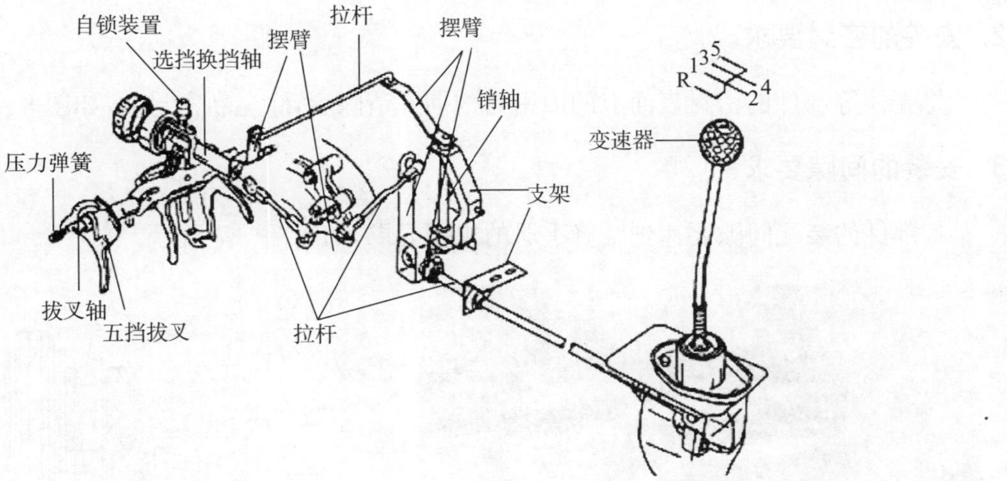

图 3－34 操纵式换挡机构

项目 4 组装手动变速器

一、知识链接

1. 装配前的准备工作

清洗所有零部件并擦拭干净，在任何部件滑动或滚动表面应涂抹齿轮油，才能进行装配。这些部件包括齿轮啮合面、内表面、滚针轴承、锥齿轮、卡环等，如图 3－35 所示。

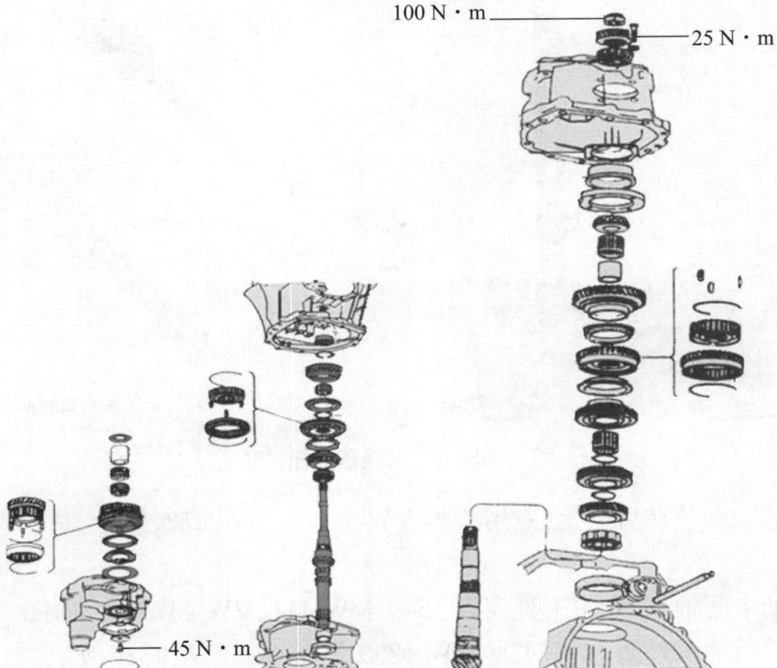

图 3－35 变速器装配示意图

2. 安装的密封要求

将壳体等部件的密封表面上的旧密封剂彻底清除后，涂上新密封剂，如图 3-36 所示。

3. 安装的间隙要求

各部件的装配间隙要达到维修手册的规范要求，如图 3-37 所示。

图 3-36　密封面要清理干净后再涂抹密封剂

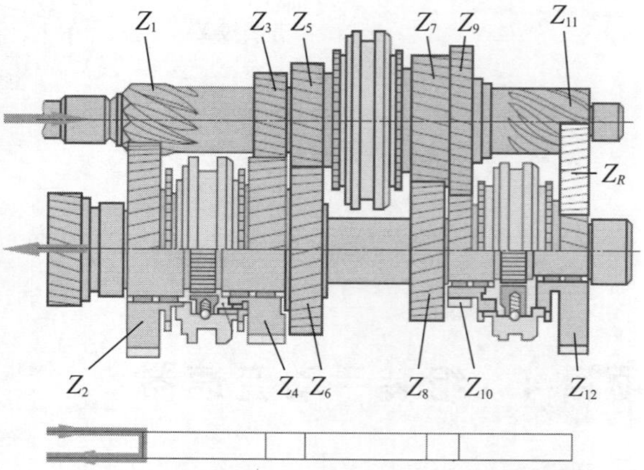

图 3-37　大众桑塔纳 2000 齿轮变速机构示意图

4. 组装大众桑塔纳 2000 手动变速器的要点及用到的专用工具

(1) 安装换挡滑杆衬套(专用工具 VW 411、VW 222a)，如图 3-38 所示。

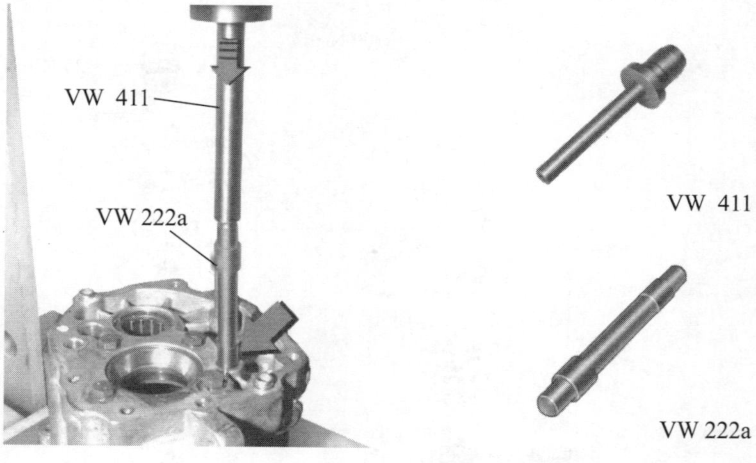

图 3-38　拆、装换挡滑杆衬套

(2) 将输入轴的轴承装在后盖上(专用工具 VW 472/1、VW 412、VW 519、VW 432、VW 401)，如图 3-39 所示。

(3) 装入输入轴中间轴承(专用工具 VW 1290、VW 411、VW 447 h)，如图 3-40 所示。

(4) 装入输出轴后轴承外圈(专用工具 VW 1290、VW 411、VW 433)，如图 3-41 所示。

(5) 将输入轴和输出轴外后轴承装在轴承支座上(专用工具 VW 412、VW 426、VW 402)，如图 3-42 所示。

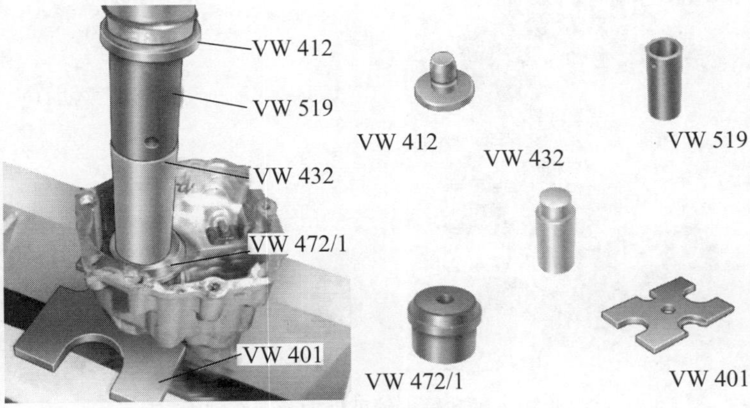

图 3－39　将输入轴的轴承装在后盖上

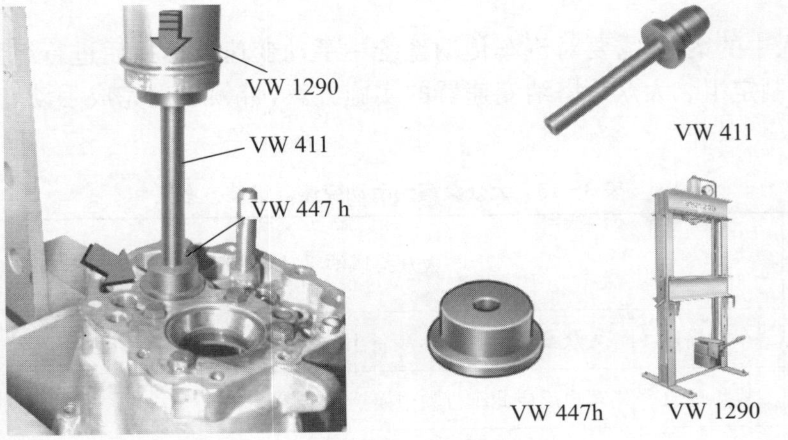

图 3－40　装入输入轴中间轴承

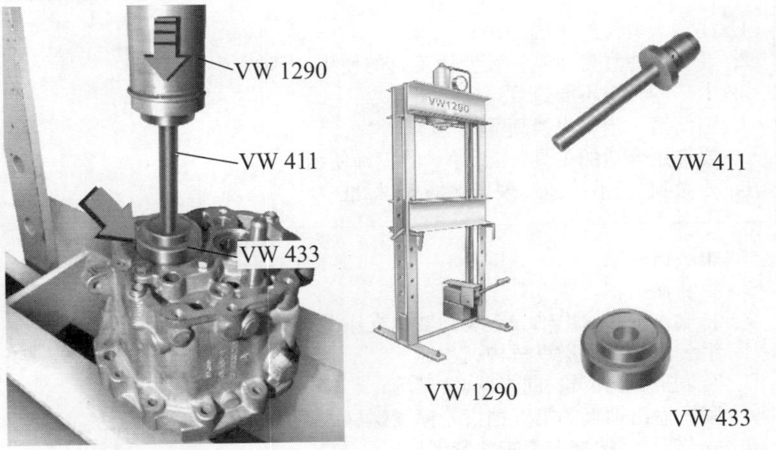

图 3－41　装入输出轴后轴承外圈

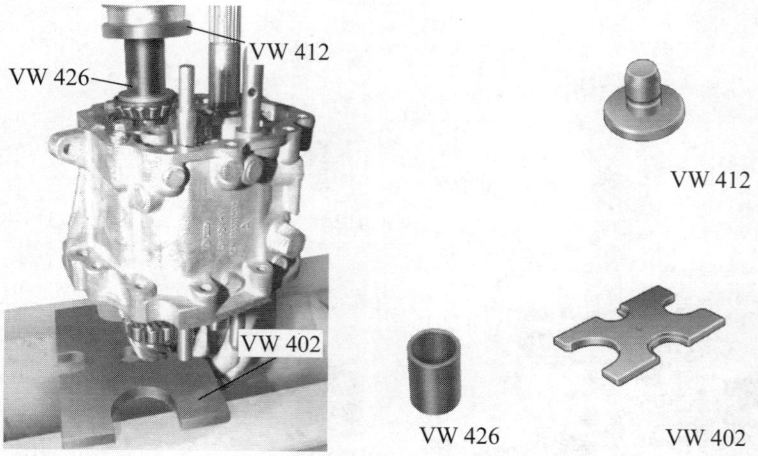

图 3－42　将输入轴和输出轴外后轴承装在轴承支座上

二、制定方案

根据情境导入中的案例，需要对汽车传动系统中手动变速器拆检后进行组装。教师在组织教学的过程中，根据制定组装大众桑塔纳变速器的实施方案，带领学生完成手动变速器的组装工作，如表 3－13 所示。

表 3－13　大众桑塔纳手动变速器组装方案表

	大众桑塔纳手动变速器组装方案	
车辆信息描述	车辆描述	大众桑塔纳 1.8 L，装备 JV 发动机，2P 五速 MT
	故障现象	客户反应此车行驶中换挡困难
设备/工具/耗材	大众桑塔纳乘用车手动变速器(带翻转架)一台，维修手册一本，变速器拆装专用工具(拉拔器、压力机、轴承压装工具等)，通用工具，卡簧钳，游标卡尺，工作台	
安全要求及注意事项	1. 注意卡簧钳的正确使用； 2. 要特别注意变速器拆装专用工具的使用，以防发生事故； 3. 卡环的开口不要过度； 4. 圆筒销一定要更换新品； 5. 要选用合适的工具，注意冲子的正确使用； 6. 要做到“三不落地”、现场保持 5S 标准	
操作步骤	1. 组装输入轴； 2. 组装输出轴； 3. 将输入轴和输出轴一起装到轴承支座上； 4. 组装内部换挡操纵机构； 5. 装入第五挡齿轮、同步器、拨叉等； 6. 紧固输出轴上的第五挡齿轮锁紧螺母； 7. 安装后盖，按规定力矩拧紧螺栓； 8. 检验、整理现场、完成工作	

教师对学生进行分组，每组选出一个小组长，小组长根据小组成员任务分工不同，确定不同任务的责任人。小组成员任务的划分可以参考下面的小组任务分配表，如表 3－14 所示。

表 3-14　小组任务分配表

	小组任务	个人职责(任务)	小组成员
1	工具管理	主要负责工具管理与清洁	
2	零部件管理	主要负责拆下的螺栓、零部件的整齐摆放与清洁	
3	组装输入轴	组装输入轴	
4	组装输出轴	组装输出轴	
5	将输入轴和输出轴总成一起装到轴承支座上	安装输入轴、输出轴总成	
6	组装内部换挡操纵机构	安装拨叉、拨叉轴、自锁与互锁机构	
7	装第五挡齿轮变速机构	装第五挡齿轮变速机构	
8	安装后盖	安装后盖	

实训中如果没有该车型,可以参考大众桑塔纳手动变速器组装方案表,并查阅实训车型的维修手册,制定该车型手动变速器组装方案,如表 3-15 所示。

表 3-15　手动变速器组装方案表

	________乘用车手动变速器组装方案	
车辆信息描述	车辆描述	
	故障现象	
设备/工具/耗材		
安全要求及注意事项		
操作步骤		

三、实施

依据制定方案实施，并填写项目单，如表 3－16 所示。

表 3－16　实训结果项目表

	请完成下列问题		
1. 在变速器组装过程中，输入、输出轴总成和倒挡锁的装配顺序是怎样的？			
2. 安装拨叉和拨叉轴时顺序又是怎样的？			
请写出变速器后盖中零部件的名称和检查结果（任选三个）	名称	检查内容	检查结果
		磨损、损伤、变形、完好	
		磨损、损伤、变形、完好	
		磨损、损伤、变形、完好	

四、作业

1. 通过实训后完善本任务的实施方案。

2. 请想一想，装配间隙过大和过小会产生什么现象？

五、知识拓展

变速器的常见故障有自动脱挡、乱挡、挂挡困难、异响发热和漏油等。

1. 自动脱挡

1) 故障现象

汽车在某一挡位行驶时，变速杆自动跳回空挡位置（一般在加、减速以及汽车剧烈跳动时较易发生）。

2) 故障原因

(1) 自锁装置的钢球或凹槽磨损严重，自锁弹簧疲劳过软或折断；

(2) 挂入挡后，轮齿未达到全齿长啮合；

(3) 齿轮、齿圈或齿套的轮齿，在啮合端沿齿长方向磨损成锥形；

(4) 输入轴、输出轴的轴承磨损过于松旷;

(5) 同步器两侧的常啮合齿轮轴向或径向间隙过大;

(6) 各轴的轴向或径向间隙过大。

2. 乱挡

1) 故障现象

在离合器技术状况正常情况下,变速器同时挂入两个挡位,或不能挂入所需要的挡位。

2) 故障原因

(1) 互锁装置失效,如拨叉轴、顶销或钢球磨损过甚等;

(2) 变速杆下端弧形工作面磨损或拨叉轴上导块凹槽磨损过大;

(3) 变速杆球头定位销磨损或脱出,或球头磨损过于松旷。

总之,乱挡的主要原因是变速操纵机构失效造成的。

3. 挂挡困难

1) 故障现象

离合器技术状况良好,且变速操纵机构工作正常的情况下,变速器不能挂挡或挂挡时有撞击声。

2) 故障原因

(1) 同步器技术状况不良;

(2) 换挡机构故障。

4. 异响

1) 故障现象

变速器在工作挡位或在空挡时,发出不正常的声响。

2) 故障原因

(1) 齿轮啮合响。是由于新更换的齿轮副啮合不正常;齿轮磨损成阶梯状;齿轮牙齿折断;齿轮齿侧间隙过大等原因造成的。

(2) 轴承响。是由于轴承磨损松旷;轴承损坏;润滑油的油品油质不符合要求等原因造成的。

(3) 其他原因发响。是由于润滑油油量不过;油品油质不符合要求;花键与毂配合松旷;紧固螺栓松动等原因造成的。

5. 发热与漏油

1) 故障现象

汽车行驶一段路程后,用手触摸变速器外壳有烫手感觉,即为变速器发热故障。变速器漏油是齿轮油从轴承盖或接合部位渗漏出来。

2) 故障原因

变速器发热的主要原因有:轴承装配过紧、齿轮啮合间隙过小、缺少齿轮油或齿轮油选用不当等。

变速器漏油的主要原因有:衬垫密封不良、油封损坏、壳体破裂、紧固螺栓松动、齿轮油过多或通气孔堵塞等。

检查与评估

1. 学生自我检查

学生通过对本任务的学习，独立结合实训车辆填写学习情况检查表(表 3 - 17)，以检测自己对本任务学习的掌握情况。

表 3 - 17 学习情况检查表

<table>
<tr><td></td><td colspan="2">请仔细观察左图然后回答问题：
下列说法正确的画“√”，错误的画“×”</td></tr>
<tr><td rowspan="4">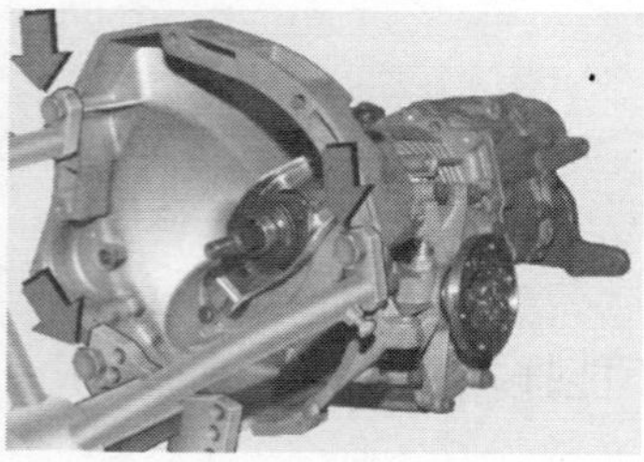</td><td>此图是一变速驱动桥的实物图</td><td></td></tr>
<tr><td>大众桑塔纳 2000 配备的纵置 5 速手动变速器(MT)</td><td></td></tr>
<tr><td>此图是一发动机的实物图</td><td></td></tr>
<tr><td>是一个前置、后驱的自动变速器</td><td></td></tr>
<tr><td rowspan="4">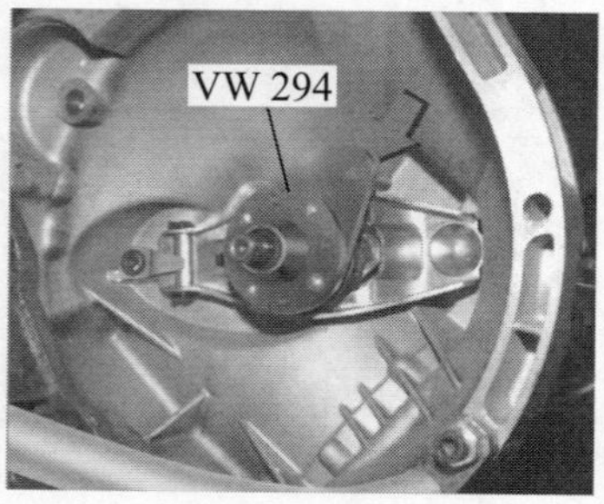</td><td>拆变速器后盖时，用专用工具锁紧输入轴</td><td></td></tr>
<tr><td>装变速器后盖时，用专用工具锁紧输入轴</td><td></td></tr>
<tr><td>装变速器后盖时，不必锁紧输入轴</td><td></td></tr>
<tr><td>专用锁紧工具只起到装饰作用</td><td></td></tr>
<tr><td rowspan="4"></td><td>同步器的拆装必须用专用工具</td><td></td></tr>
<tr><td>此专用工具名称也叫“拉拔器”</td><td></td></tr>
<tr><td>拆卸同步器可用撬棍撬动</td><td></td></tr>
<tr><td>拆卸同步器可用铁锤敲击</td><td></td></tr>
<tr><td rowspan="4"></td><td>长轴为输入轴</td><td></td></tr>
<tr><td>短轴为输出轴</td><td></td></tr>
<tr><td>长轴为输出轴</td><td></td></tr>
<tr><td>短轴为输入轴</td><td></td></tr>
</table>

（续表）

	请仔细观察左图然后回答问题： 下列说法正确的画“√”，错误的画“×”	
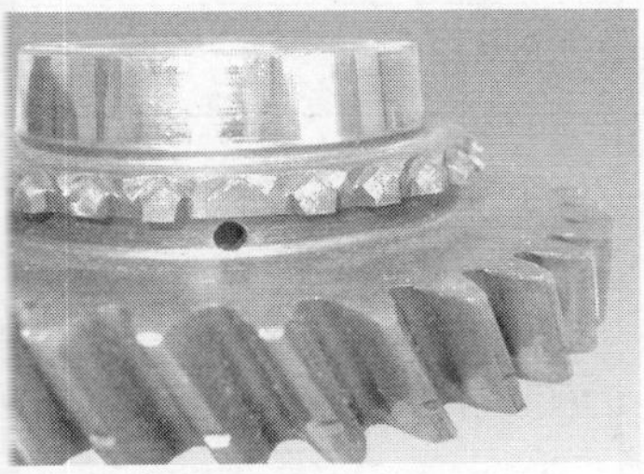	必须检查变速齿轮的磨损与损伤情况	
	变速齿轮如有损坏，必须成对更换	
	变速齿轮不必进行检查	
	齿轮如有磨损可以继续使用	
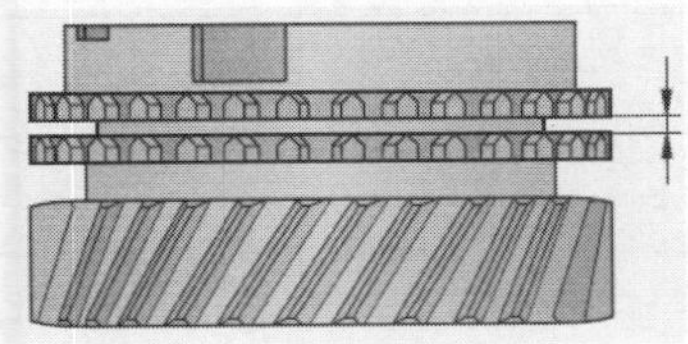	同步环与啮合齿之间间隙必须在标准范围内	
	间隙可以用塞尺进行测量	
	间隙不必测量	
	间隙可以用外径千分尺来测量	
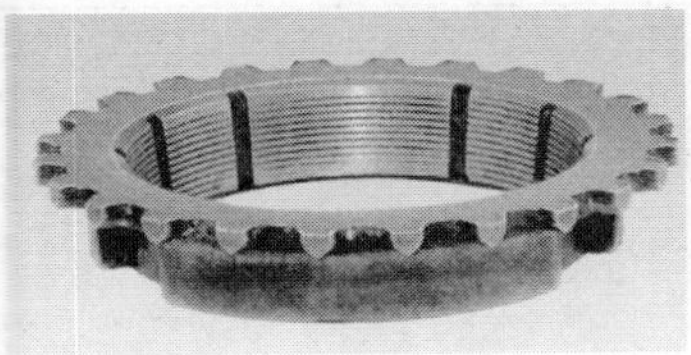	同步环内环槽是为了破坏润滑油膜，增大摩擦	
	如有磨损必须更换新品	
	内环槽是为了多含油而更好的润滑	
	磨平了也可以继续使用	
	图中有螺栓孔的轴是倒挡轴	
	倒挡轴上的螺栓孔是安装倒挡拨叉支架用的	
	有螺栓孔的轴是输入轴	
	安装时不必考虑螺栓孔的方向	

2. 指导教师评估

指导老师在整个教学过程中，关注每个活动小组的工作过程以及小组成员的动手能力，并对小组成员动手能力进行考核，填入表3-18。

表3-18　指导教师评估表

	考核量化指标	分值(总分)	学生得分
1	能时刻注意自我的人身保护	10	
2	能时刻注意保护车辆安全	10	

（续表）

	考核量化指标	分值(总分)	学生得分
3	工具使用熟练	10	
4	能够积极完成本职工作	10	
5	能够使用专用工具分解变速器	10	
6	能够正确检查变速齿轮	10	
7	能够正确检查内部换挡操纵机构	10	
8	能够完成实训结果项目表的填写	10	
9	能够完成学习情况检查表的填写	10	
10	每个项目完成后，作业的完成情况	10	
总计			

学习情境 4　驱动桥故障诊断与维修

学习目标

1. 能够完成半轴齿轮的更换；
2. 能够完成主减速器间隙的调整

情境导入

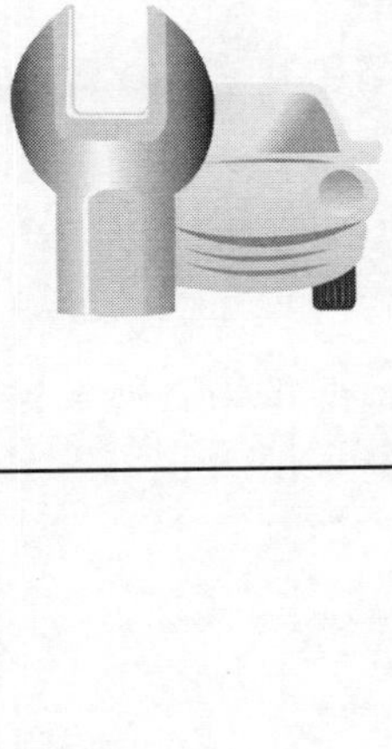

车　　型：大众桑塔纳时代超人，装备 AJR 发动机，手动变速器；
行驶里程：38 万 km；
出厂时间：2002 年 9 月。
故障现象：

据车主反应，该车在正常行驶过程中，变速器内部差速器位置有不均匀的金属碰撞声。根据客户要求进行检查并确定故障予以修复

任务　检修驱动桥

任务描述

一、学习目标

1. 能够完成驱动桥的拆装；
2. 能够完成啮合印痕的调整；
3. 能够完成变速驱动桥主减速器、差速器的拆装；
4. 能够完成变速驱动桥主减速器、差速器间隙的调整

二、学习内容

1. 拆装驱动桥；
2. 调整啮合印痕；
3. 拆装变速驱动桥主减速器、差速器；
4. 调整变速驱动桥主减速器、差速器间隙

项目1　拆装驱动桥

一、知识链接

1. 驱动桥的功用

驱动桥是现代汽车传动系统中必不可少的部分。其主要功用是：将输入的转矩增大并相应降低转速；当发动机纵置时，还具有改变转矩旋转方向的作用。同时，通过差速器实现两侧车轮差速作用，保证内、外侧车轮以不同转速旋转实现顺利转向，如图4-1所示。

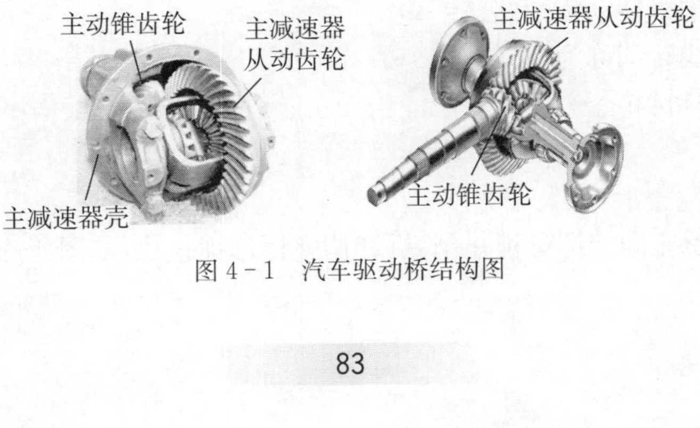

图4-1　汽车驱动桥结构图

2. 驱动桥的组成

驱动桥是传动系统的最后一个总成，它由桥壳、主减速器、差速器和半轴组成。

1) 驱动桥壳

驱动桥壳既是传动系统的组成部分，同时也是行驶系统的组成部分，其功用是安装并保护主减速器、差速器和半轴，以及安装悬架或轮毂。它还要与从动桥一起支承汽车悬架以上各部分质量，承受驱动轮传来的反力和力矩，并在驱动轮与悬架之间传力，如图 4-2 所示。

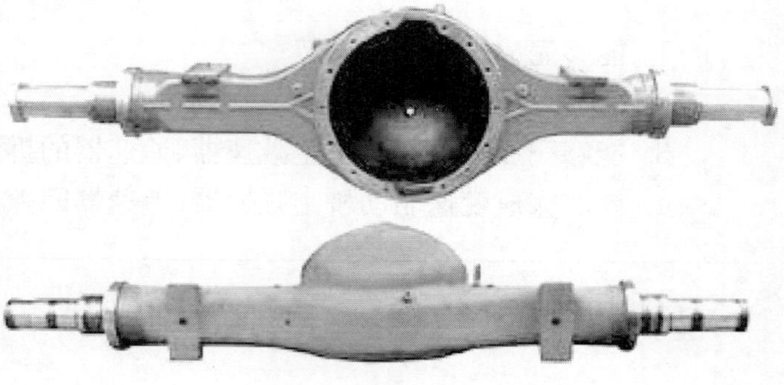

图 4-2　汽车驱动桥壳

2) 主减速器

主减速器使输入转矩增大、转速降低，并将动力传递方向改变后(发动机横置的除外)再传给差速器，如图 4-3 所示。

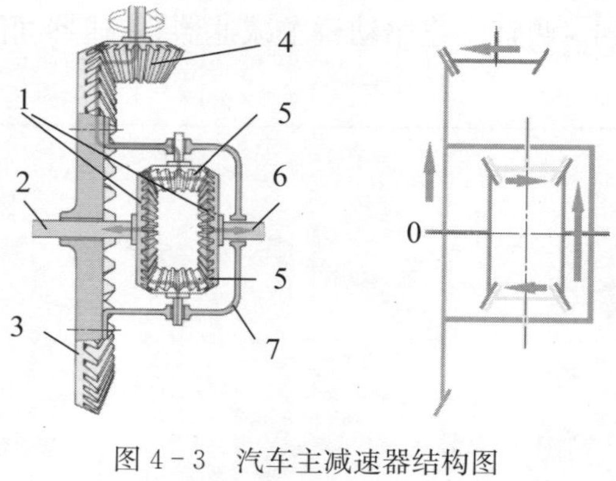

图 4-3　汽车主减速器结构图

3) 差速器

差速器的功用是将主减速器传来的动力传给左、右两半轴，并在必要时允许左、右半轴以不同转速旋转，以满足两侧驱动轮差速的需要，如图 4-4 所示。差速器的差速作用，源于行星齿轮的三种可能运动工况：

(1) 绕差速器旋转轴线转动称为“公转”；

(2) 绕行星齿轮轴线转动称为“自转”；

(3) 公转的同时进行自转。

3. 驱动桥的分解

(1) 用钳子取下轴承座固定螺母锁止销，拆卸调整螺母锁止片，如图 4-5 所示。

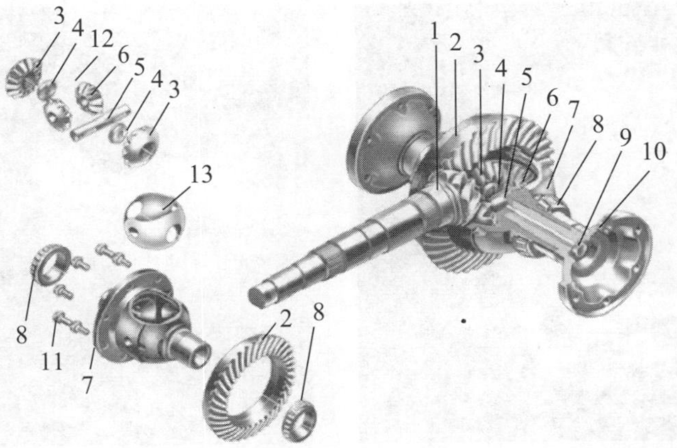

1—变速器输出轴(带主动锥齿轮)；2—主减速器从动齿轮；3—半轴齿轮；4—防转螺母；5—行星齿轮轴；6— 行星齿轮；7—差速器壳；8—圆锥滚动轴承；9—凸缘轴螺栓；10—凸缘轴；11—从动齿轮固定螺栓；12—弹性锁销；13—球形垫圈

图 4－4　汽车差速器的结构图

图 4－5　拆卸锁销和锁片

(2) 拆卸轴承盖固定螺母并拆下主减速器从动齿轮及差速器总成，两个轴承上盖做好记号，在安装时不能互换，如图 4－6 所示。

图 4－6　拆卸从动齿轮及差速器总成

(3) 拆下主动齿轮固定螺母的锁止销拧下螺母，取下主动锥齿轮，如图 4－7 所示。

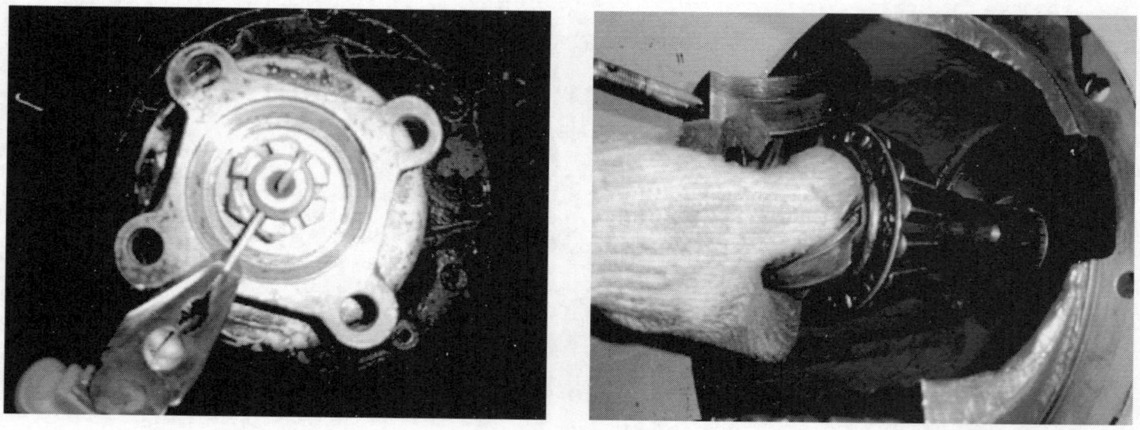

图 4－7　拆卸主动锥齿轮

（4）差速器的分解，如图 4－8 所示。

图 4－8　差速器分解示意图

二、制定方案

根据情境导入中的案例，需要对汽车驱动桥进行拆装。教师在组织教学的过程中，根据制定拆装后驱乘用车驱动桥的实施方案，带领学生完成后驱乘用车驱动桥的拆装工作，如表 4－1 所示。

表 4－1　后驱乘用车驱动桥拆装方案表

	后驱乘用车驱动桥拆装方案	
车辆信息描述	车辆描述	后驱乘用车，手动变速器
	故障现象	客户反应此车在正常行驶过程中，变速器内部发出不均匀的碰撞声
设备/工具/耗材	后驱动桥台架一台，维修手册一本，拆装专用工具（拉拔器、压力机、轴承压装工具等），通用工具，铜棒，卡簧钳，集油盆，工作台	
安全要求及注意事项	1. 不要用锤子敲击零部件； 2. 要特别注意驱动桥台架的正确使用； 3. 驱动桥零部件比较重，注意不要砸伤； 4. 在进行拆装前，一定确认驱动桥台架支撑可靠； 5. 取下和安装零部件时一定要拿稳、握实； 6. 要做到“三不落地”、现场保持 5S 标准	

(续表)

	后驱乘用车驱动桥拆装方案
操作步骤	1. 固定驱动桥，并将驱动桥内的齿轮油放净； 2. 拆卸差速器轴承盖； 3. 从驱动桥壳体中取下差速器； 4. 拆卸主动锥齿轮固定螺母； 5. 取下主动锥齿轮； 6. 分解主动锥齿轮总成； 7. 用软质的夹具将差速器壳固定在台虎钳上，拆下从动锥齿轮的紧固螺栓，取下从动锥齿轮； 8. 拆下行星齿轮轴的夹紧销； 9. 取下行星齿轮轴； 10. 取下行星齿轮和半轴齿轮； 11. 更换半轴齿轮和其他损坏的零部件； 12. 按着相反的顺序组装，整理现场，完成工作

教师对学生进行分组，每组选出一个小组长，小组长根据小组成员任务分工不同，确定不同任务的责任人。小组成员任务的划分可以参考下面的小组任务分配表，如表4-2所示。

表4-2　小组任务分配表

	小组任务	个人职责(任务)	小组成员
1	工具管理	主要负责通用工具管理与清洁	
2	零部件管理	主要负责拆下的螺栓、零部件的整齐摆放与清洁	
3	差速器总成的拆装	拆装差速器	
4	主动锥齿轮总成的拆装	拆装主动锥齿轮	
5	差速器的分解	分解差速器	
6	主动锥齿轮的分解	分解主动锥齿轮	
7	差速器的组装	组装差速器	
8	主动锥齿轮的组装	组装主动锥齿轮	

实训中如果没有该车型，可以参考后驱乘用车驱动桥拆装方案表，并查阅实训车型的维修手册，制定该车型驱动桥拆装方案，如表4-3所示。

表4-3　后驱乘用车驱动桥拆装方案表

	________乘用车驱动桥拆装方案	
车辆信息描述	车辆描述	
	故障现象	

（续表）

	______乘用车驱动桥拆装方案
设备/工具/耗材	
安全要求及注意事项	
操作步骤	

三、实施

依据制定方案实施，并填写项目单，如表 4－4 所示。

表 4－4　实训结果项目表

	请看图回答下列问题

部件名称	检查内容	检查结果
主动锥齿轮	磨损、裂纹、损伤、完好	
从动锥齿轮	磨损、裂纹、损伤、完好	
差速器壳体	锈蚀、裂纹、损伤、完好	
行星齿轮、半轴齿轮	磨损、裂纹、损伤、完好	

(续表)

	请完成下列问题
1. 差速器轴承盖紧固螺栓有几条?	
2. 拆装螺母所用工具规格是多少?	
3. 拆装主动锥齿轮紧固螺母所用工具的规格是多少?	

四、作业

1. 通过实训后完善本任务的实施方案。

2. 写出图 4-3 中数字序号所对应的零部件名称。

五、知识拓展

驱动桥分非断开式与断开式两大类。

1. 非断开式

非断开式驱动桥也称为整体式驱动桥，其半轴套管与主减速器壳均与轴壳刚性地相连一个整体梁，因而两侧的半轴和驱动轮相关地摆动，通过弹性元件与车架相连，如图 4-9 所示。它由驱动桥壳，主减速器，差速器和半轴组成。

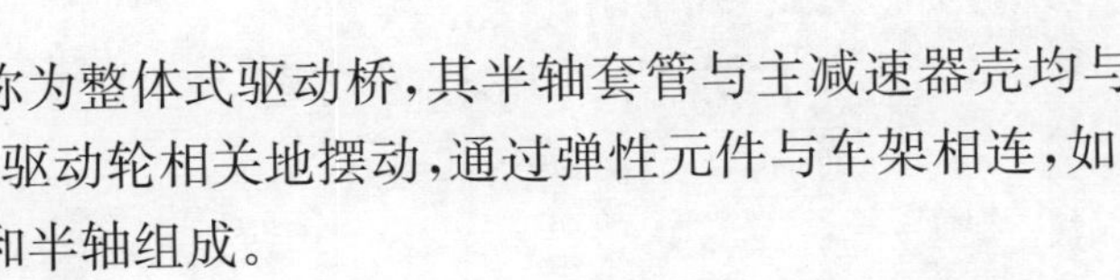

图 4-9　整体式驱动桥实物

2. 断开式

驱动桥采用独立悬架，即主减速器壳固定在车架上，两侧的半轴和驱动轮能在横向平面相对于车体有相对运动的则称为断开式驱动桥，如图 4－10 所示。

为了与独立悬架相配合，将主减速器壳固定在车架（或车身）上，驱动桥壳分段并通过铰链连接，或除主减速器壳外不再有驱动桥壳的其他部分。为了适应驱动轮独立上下跳动的需要，差速器与车轮之间的半轴各段之间用万向节连接。

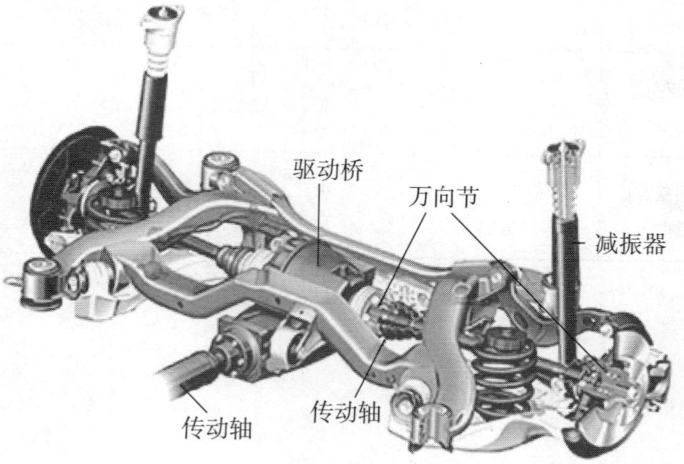

图 4－10　奥迪 A4 乘用车断开式驱动桥

项目 2　调整啮合印痕

一、知识链接

组装驱动桥绝不是简单地按照分解时的相反顺序组装。主减速器安装后应对各间隙、轴承预紧度及啮合印痕进行调整。

1. 主动锥齿轮轴承预紧度的调整

主动锥齿轮轴承预紧度的调整，用加减垫片的方法来完成，如图 4－11 所示。

图 4－11　主动锥齿轮轴承预紧度的调整

2. 从动齿轮(差速器壳体总成)轴承预紧度的调整

通过调节差速器两端的调整螺母(或垫片)来完成,如图4-12所示。

图4-12 从动齿轮轴承预紧度的调整

3. 主、从动齿轮啮合间隙的检查调整

在调整过程中我们对主减速器调整的口诀是“大进从、小出从、顶进主、根出主”。具体方法是:固定主动小齿轮轴,将百分表触针抵住齿圈齿轮大端,轻轻转动齿圈,便可在百分表上读出啮合间隙值,此值应满足原设计要求范围(一般0.2 mm左右,具体车型查阅手册),否则进行调整。啮合间隙的调整通过移动差速器调整螺母,即移动齿圈的轴向位置来达到。为保持差速器轴承的预紧度不变,左侧调整螺母拧紧范围与右侧螺母相应拧松范围应一致,如图4-13所示。

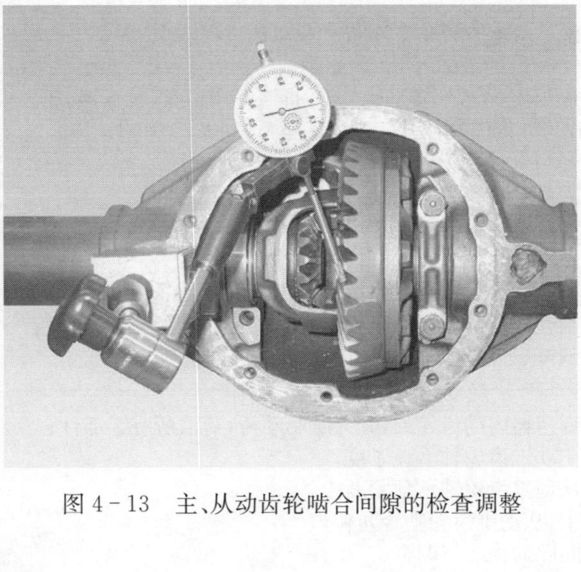

图4-13 主、从动齿轮啮合间隙的检查调整

4. 啮合印痕的检查调整

检查啮合印痕的方法是:调整好主从动齿轮轴承预紧度和主从动齿轮啮合间隙,在齿圈相邻120°三处,每处取2～3个轮齿涂以朱丹油,对主动小齿轮略施压力,然后转动齿圈数圈,观察从动盘轮齿上的啮合印痕的部位和形状。

正确的啮合印痕的要求是：沿齿长方向接触，其啮合部位应在轮齿的中部偏向小端，距小端边缘 2～7 mm，距齿顶 0.8～1.6 mm，接触印痕的长度不小于齿长的 50%，齿轮正、反面的印痕应一致，如图 4－14 所示。

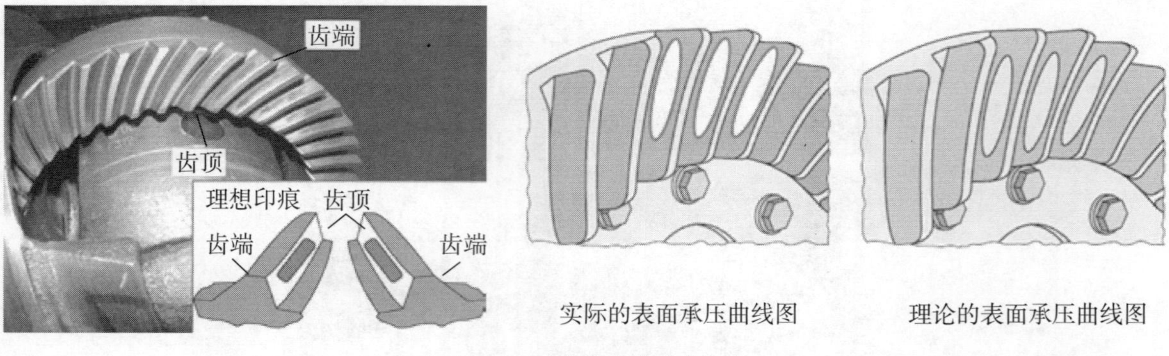

图 4－14　啮合印痕的检查调整

二、制定方案

根据情境导入中的案例，需要对汽车传动系统中的驱动桥主、从动齿轮啮合印痕进行调整。教师在组织教学的过程中，根据制定调整后驱乘用车啮合印痕的实施方案，带领学生完成后驱乘用车啮合印痕的调整工作，如表 4－5 所示。

表 4－5　后驱乘用车啮合印痕调整方案表

	后驱乘用车啮合印痕调整方案	
车辆信息描述	车辆描述	后驱乘用车
	故障现象	客户反应此车行驶中驱动桥噪声大
设备/工具/耗材	后驱动桥台架一台，维修手册一本，拆装专用工具（拉拔器、压力机、轴承压装工具等），朱丹油一盒，通用工具，集油盆，塞尺，磁力表座，百分表，工作台	
安全要求及注意事项	1. 注意人身和设备安全； 2. 要特别注意变速器拆装专用工具的使用，以防发生事故； 3. 注意调整轴承预紧度的时候，不能调得过紧； 4. 在进行拆装时一定要拿稳工件，以防砸伤； 5. 检测啮合印痕的时候一定要细心观察，以防误判，越调越乱； 6. 要做到“三不落地”、现场保持 5S 标准	
操作步骤	1. 放净变速器内的齿轮油，并分解驱动桥，清洁所有零部件； 2. 调整主动锥齿轮轴承预紧度； 3. 调整从动锥齿轮轴承预紧度； 4. 调整主、从动锥齿轮啮合间隙； 5. 啮合间隙的检测与调整； 6. 检验、整理现场、完成工作	

教师对学生进行分组，每组选出一个小组长，小组长根据小组成员任务分工不同，确定不同任务的责任人。小组成员任务的划分可以参考下面的小组任务分配表，如表 4－6 所示。

表 4－6　小组任务分配表

	小组任务	个人职责(任务)	小组成员
1	工具管理	主要负责工具管理与清洁	
2	零部件管理	主要负责拆下的螺栓、零部件的整齐摆放与清洁	
3	调整主动锥齿轮轴承预紧度	调整主动锥齿轮轴承预紧度	
4	调整差速器轴承预紧度	调整差速器轴承预紧度	
5	调整主、从动锥齿轮间隙	调整主、从动锥齿轮间隙	
6	调整啮合印痕痕	调整啮合印痕痕	

实训中如果没有该车型，可以参考后驱乘用车啮合印痕调整方案表，并查阅该实训车型的维修手册，制定出该车型啮合印痕的调整方案，如表 4－7 所示。

表 4－7　啮合印痕调整方案表

	______乘用车啮合印痕调整方案	
车辆信息描述	车辆描述	
	故障现象	
设备/工具/耗材		
安全要求及注意事项		
操作步骤		

三、实施

依据制定方案实施，并填写项目单，如表 4－8 所示。

表 4-8　实训结果项目单

请看图回答下列问题

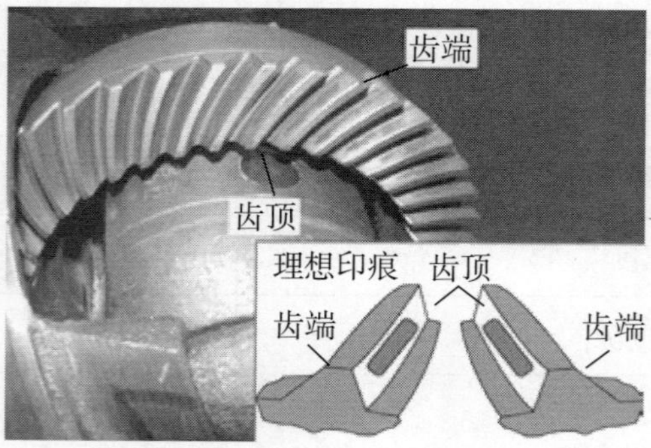

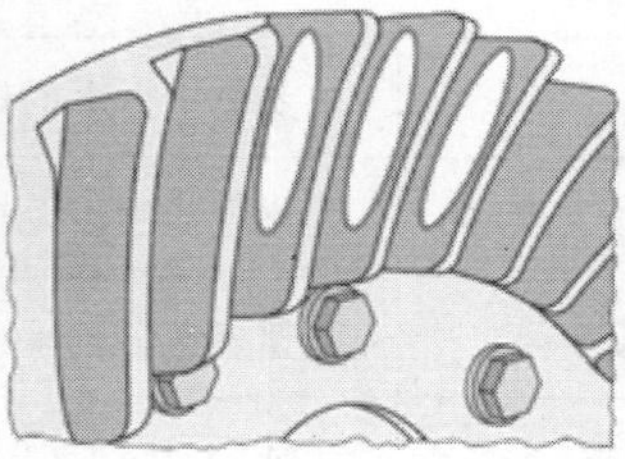
实际的表面承压曲线图

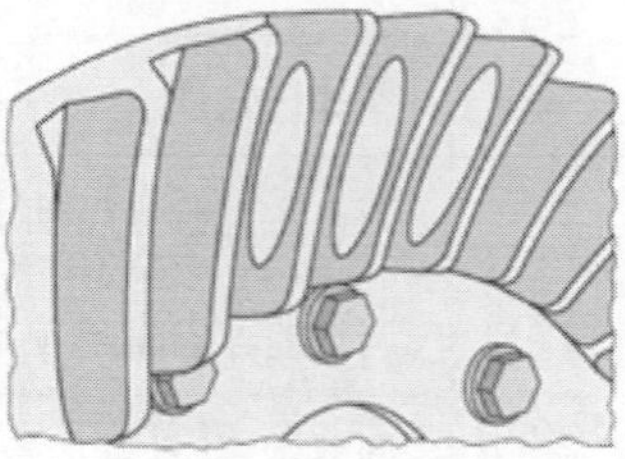
理论的表面承压曲线图

1. 用什么来调整主动锥齿轮轴承预紧度？	
2. 用什么来调整差速器轴承预紧度？	
3. 你所测得的主减速器间隙是多少？	
4. 解释调整啮合印痕的十二字秘诀“大进从、小出从、顶进主、根出主”的含义？	

四、作业

1. 通过实训后完善本任务的实施方案。

2. 请想一想，为什么要在最后才能检测啮合印痕？先调整啮合印痕可以吗？

五、知识拓展

锥齿轮的调整参考以下程序进行：首先确定调整哪个齿轮。这由啮合印痕在齿长上偏离，还是在齿高方向偏离而定。前者应调大齿轮，后者应调小齿轮。其次判定调整齿轮的方向，即确定安装距的增减。这由啮合印痕是偏向小端，还是偏向大端而定，前者应减小大轮安装距，后者应减小小轮安装距；若啮合印痕偏向齿顶，则应减小小轮安装距，反之则增大小轮安装距。啮合印痕调整正确后，检查啮合间隙，如不合适再予以综合调整。应该指出，实际使用当中，由于齿轮、壳体变形、磨损不均匀，轴承、轴承座孔的偏磨等原因，往往使齿长方向和齿高方向发生矛盾。因此，调整中还必须遵循以下原则：印痕位置应以齿高方向为主，齿长方向为次；以前进挡为主，倒退挡为次；以啮合印痕为主，啮合间隙为次。且不允许出现边缘接触，啮合间隙不能小于或大于规定允许值。

项目 3　拆装变速驱动桥主减速器、差速器

一、知识链接

1. 大众桑塔纳 2000 主减速器、差速器

在发动机前置、前轮驱动的车辆上，差速器与变速器结合在一起。差速器组件安装在变速器壳内。大众桑塔纳 2000 差速器内部分解如图 4－15 所示。

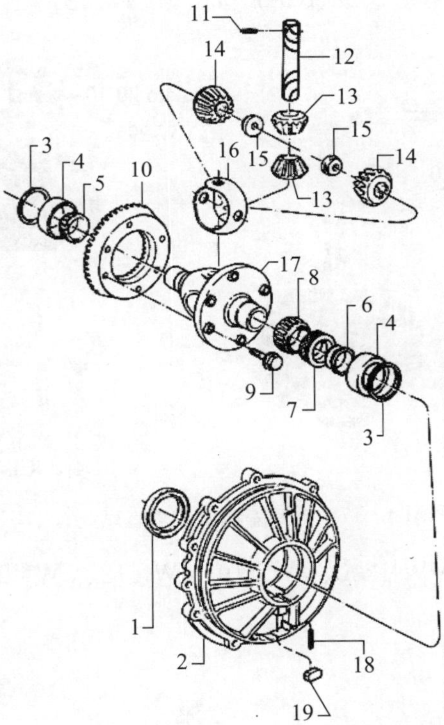

1—密封圈；
2—主传动器盖：安装时，涂一层密封胶(只用于1986年8月起生产的变速器)；
3—主传动齿轮的调整垫片(S_1和S_2)；
4—轴承的外环；
5—差速器轴承；
6—锁紧套筒；
7—车速表驱动齿轮；
8—差速器轴承；
9—主传动齿轮螺栓：只要松动或拆卸就应更换，用70 N · m旋紧；
10—主传动齿轮：只能同主动齿轮一起更换；
11—夹紧销；
12—行星齿轮轴；
13—行星齿轮；
14—半轴齿轮；
15—螺纹管；
16—复合式止推垫片；
17—差速器罩壳；
18—磁铁固定销；
19—磁铁

图 4－15　大众桑塔纳 2000 差速器内部分解图

2. 分解大众桑塔纳2000差速器的关键步骤和用到的专用工具

（1）拆下车速表驱动齿轮和锁紧套筒（专用工具 VW 295a、Kukko 20－10），如图 4－16 所示。

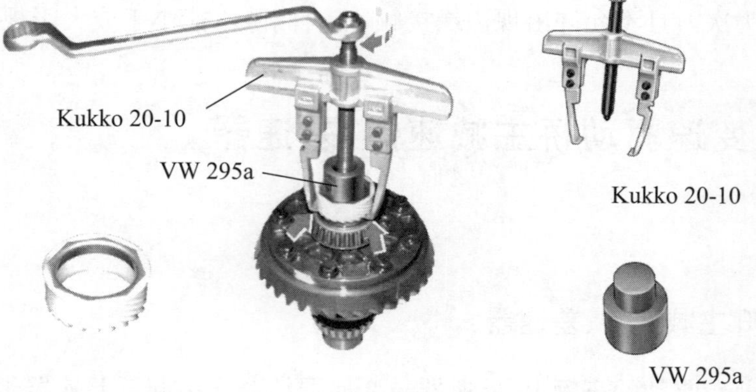

图 4－16　拆卸车速里程表驱动齿轮

（2）拆下差速器轴承（专用工具 VW 295a、Kukko 20－10），如图 4－17 所示。

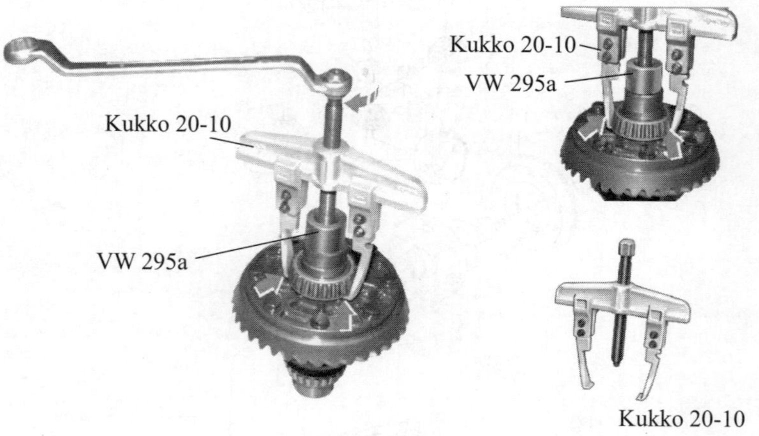

图 4－17　拆卸差速器轴承

（3）安装差速器轴承（专用工具 VW 1290、VW 519、VW 412、VW 402），如图 4－18 所示。

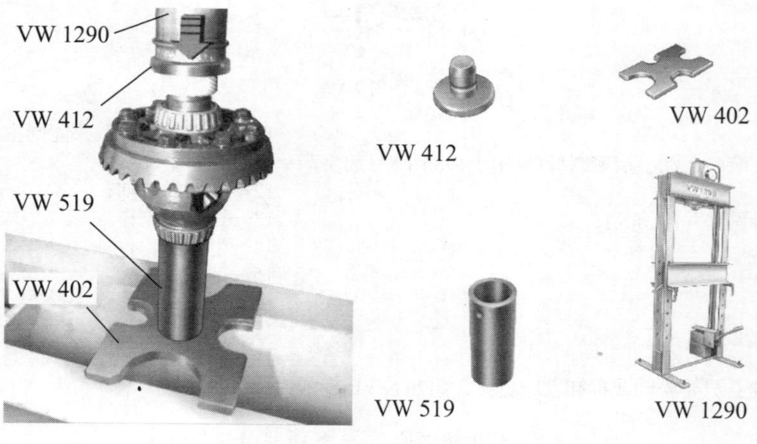

图 4－18　安装差速器轴承

(4) 安装车速表驱动齿轮和锁紧套筒(专用工具 VW 1290、VW 412、VW 519、VW 402),如图 4-19 所示。

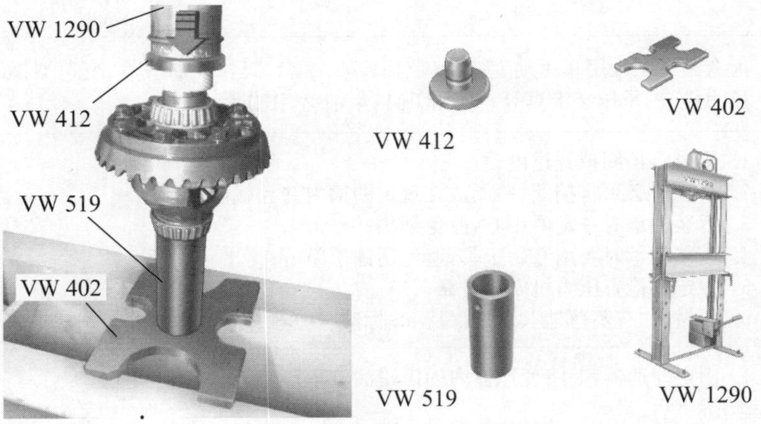

图 4-19　安装车速表驱动齿轮

(5) 安装半轴凸缘密封圈(专用工具 VW 065),如图 4-20 所示。

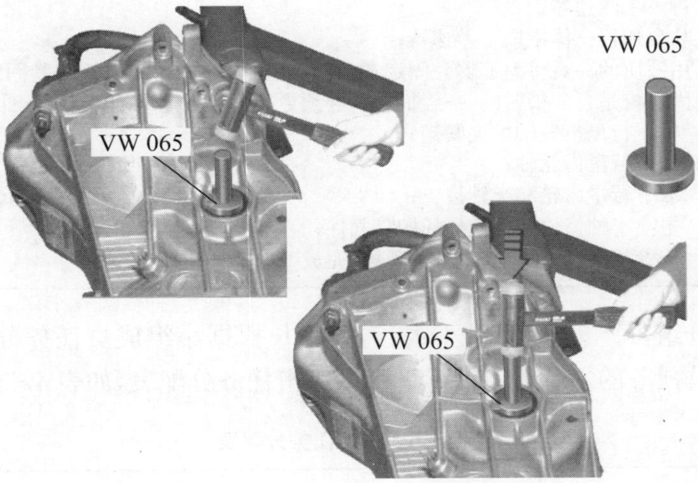

图 4-20　安装半轴凸缘密封圈

二、制定方案

根据情境导入中的案例,需要对汽车驱动桥中主减速器、差速器进行拆装。教师在组织教学的过程中,根据制定拆装大众桑塔纳主减速器、差速器的实施方案,带领学生完成主减速器、差速器的拆装工作,如表 4-9 所示。

表 4-9　大众桑塔纳主减速器、差速器拆装方案表

	大众桑塔纳主减速器、差速器拆装方案	
车辆信息描述	车辆描述	大众桑塔纳 1.8 L,装备 JV 发动机,手动变速器
	故障现象	客户反应此车在正常行驶过程中,变速器内部发出不均匀的碰撞声

（续表）

	大众桑塔纳主减速器、差速器拆装方案
设备/工具/耗材	大众桑塔纳乘用车手动变速器（带翻转架）一台，维修手册一本，变速器拆装专用工具（拉拔器、压力机、轴承压装工具等），通用工具，集油盆，工作台
安全要求及注意事项	1. 不要将挡圈拉开过度； 2. 安装时必须将挡圈、锁圈放在规定的槽内并且就位； 3. 拆装轴承时一定要小心，避免划伤； 4. 压装轴承时要用专用工具，避免用锤子敲击； 5. 一定要检查压力机安装可靠； 6. 要做到“三不落地”、现场保持5S标准
操作步骤	1. 固定变速器，并将变速器内的齿轮油放净； 2. 拆下后盖； 3. 拆下轴承支座； 4. 取下车速里程表的传感器； 5. 锁住传动轴（半轴）拆下紧固螺栓，取下传动轴； 6. 取下车速里程表的从动齿轮导向器和齿轮； 7. 拆下主减速器盖； 8. 从变速器壳体中取下差速器； 9. 用锻质的夹具将差速器壳固定在台虎钳上，拆下从动锥齿轮的紧固螺栓，（从动锥齿轮的紧固螺校是自动锁紧的，一经拆卸就必须更换），取下从动锥齿轮； 10. 拆下行星齿轮轴的夹紧销； 11. 取下行星齿轮轴； 12. 取下行星齿轮和半轴齿轮； 13. 更换半轴齿轮和其他损坏的零部件； 14. 按着相反的顺序组装，整理现场，完成工作

教师对学生进行分组，每组选出一个小组长，小组长根据小组成员任务分工不同，确定不同任务的责任人。小组成员任务的划分可以参考下面的小组任务分配表，如表4－10所示。

表4－10　小组任务分配表

	小组任务	个人职责（任务）	小组成员
1	设备管理	主要负责拉拔器、压力机等专用工具的使用	
2	工具管理	主要负责通用工具管理与清洁	
3	零部件管理	主要负责拆下的螺栓、零部件的整齐摆放与清洁	
4	拆、装车速表传感器	拆、装车速表传感器	
5	拆、装轴承支座和后盖	拆、装轴承支座和后盖	
6	取下和安装差速器总成	取下和安装差速器总成	
7	拆、装从动齿轮盘	拆、装从动齿轮盘	
8	拆、装半轴齿轮和行星齿轮	拆、装齿轮	
9	拆、装车速传感器齿轮和差速器轴承	拆、装齿轮和轴承	

实训中如果没有该车型，可以参考大众桑塔纳主减速器、差速器拆装方案表，并查阅该实训车型的维修手册，制定该车型变速驱动桥主减速器、差速器拆装方案，如表4－11所示。

表4－11 变速驱动桥主减速器、差速器拆装方案表

	________乘用车变速驱动桥主减速器、差速器拆装方案	
车辆信息描述	车辆描述	
	故障现象	
设备/工具/耗材		
安全要求及 注意事项		
操作步骤		

三、实施

依据制定方案实施，并填写项目单，如表4－12所示。

表4－12 实训结果项目表

	请完成下列问题	
部件名称	检查内容	检查结果
主减速器盖	锈蚀、裂纹、损伤、完好	
车速表传感器驱动齿轮	磨损、裂纹、损伤、完好	
差速器轴承	磨损、裂纹、损伤、完好	
半轴齿轮、行星齿轮	磨损、裂纹、损伤、完好	

（续表）

	请完成下列问题
1. 主减速器盖固定螺栓有几条？ 2. 所用拆装工具的规格是多少？	
3. 半轴齿轮有多少个齿？ 4. 行星齿轮有多少个齿？	
5. 主动锥齿轮有多少个齿？	

四、作业

1. 通过实训后完善本任务的实施方案。

2. 请试着计算主减速器的传动比是多少？

五、知识拓展

按主减速器的减速形式可分为单级减速、双级减速、双速减速、单双级贯通和单双级减速配以轮边减速等。

按齿轮副的结构形式分，有圆柱齿轮式（又可分定轴轮系式和行星齿轮系）主减速器和圆锥齿轮式（又可分螺旋锥齿轮式和双曲面锥齿轮式）主减速器。

1. 单级主减速器

单级主减速器可由一对圆锥齿轮、一对圆柱齿轮或由蜗轮蜗杆组成，如图 4-21 所示。

其具有结构简单、质量小、成本低、使用简单等优点。但是其主传动比不能太大，一般传动比 $i \leqslant 7$，进一步提高传动比将增大从动齿轮直径，从而减小离地间隙。

单级主减速器广泛应用于乘用车和轻、中型货车的驱动桥中。单级主减速型式又分为普通斜齿轮式或锥形齿轮式：

普通斜齿轮式主减速器应用于前驱汽车的变速器中。对于前驱汽车的变速器中的主减速器，如果发动机在机舱内横置，则主减速器为普通斜齿轮式；如果发动机在机舱内纵置，则主减速器为锥形齿轮式，如桑塔纳、帕萨特等。

锥形齿轮式主减速器广泛应用于后驱汽车的后轿中，变速器输出动力经过传动轴传给主动锥齿轮，经从动锥齿轮减速后传给差速器。

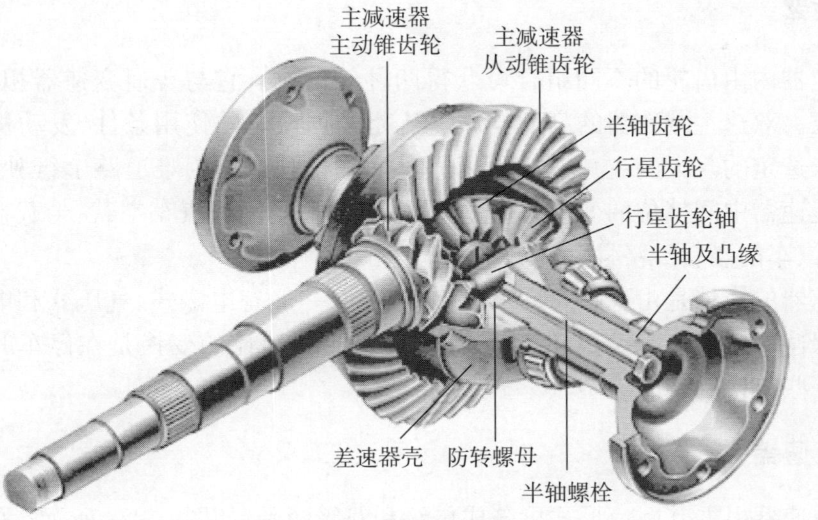

图 4－21 大众桑塔纳主减速器与差速器

2. 双级主减速器

双级主减速器由一对锥形齿轮副和一对圆柱斜齿轮副组成，主减速器的传动比等于两级齿轮传动比的乘积，如图 4－22 所示。

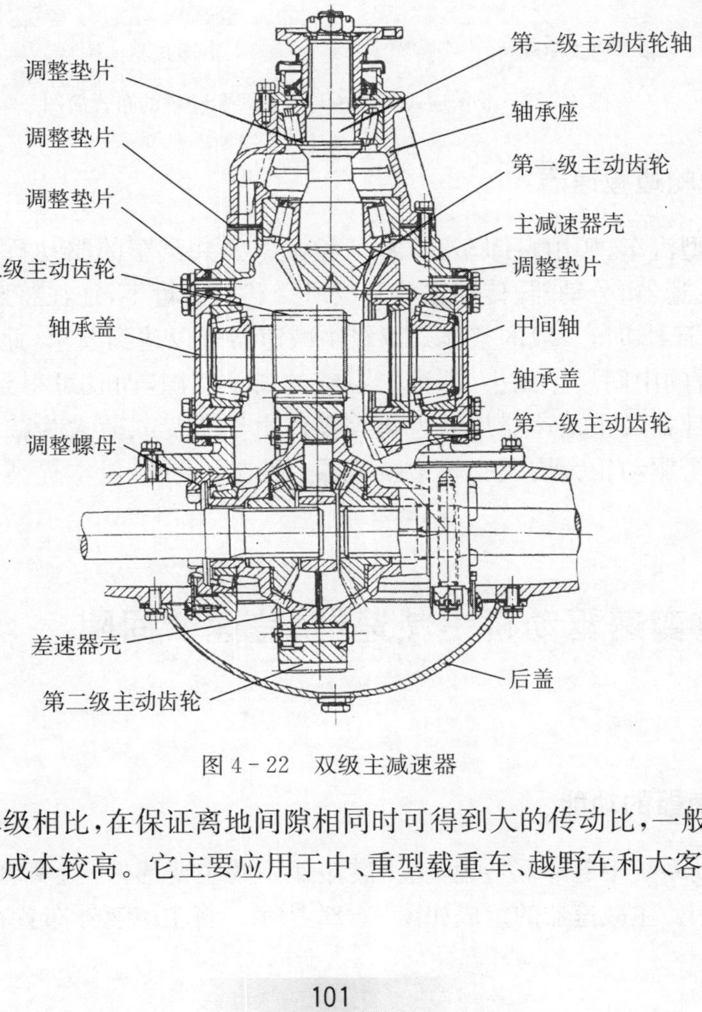

图 4－22 双级主减速器

双级主减速器与单级相比，在保证离地间隙相同时可得到大的传动比，一般传动比 i 为 7～12。但是尺寸、质量均较大，成本较高。它主要应用于中、重型载重车、越野车和大客车上。

3. 双速主减速器

双速主减速器内由齿轮的不同组合可获得两种传动比。它与普通变速器相配合，可得到双倍于变速器的挡位。双速主减速器的高低挡减速比是根据汽车的使用条件、发动机功率及变速器各挡速比的大小来选定的。大的主减速比用于汽车满载行驶或在困难道路上行驶，以克服较大的行驶阻力并减少变速器中间挡位的变换次数；小的主减速比则用于汽车空载、半载行驶或在良好路面上行驶，以改善汽车的燃料经济性和提高平均车速。

双速主减速器的换挡是由远距离操纵机构实现的，一般有电磁式、气压式和电一气压综合式操纵机构。由于双速主减速器无换挡同步装置，因此其主减速比的变换是在停车时进行的。双速主减速器主要在一些单桥驱动的重型汽车上采用。

4. 贯通式主减速器

贯通式主减速器根据其减速形式可分成单级和双级两种，如图 4－23 所示。单级贯通式主减速器具有结构简单，体积小，质量小，并可使中、后桥的大部分零部件，尤其是使桥壳、半轴等主要零部件具有互换性等优点。主要用于轻型多桥驱动的汽车上。

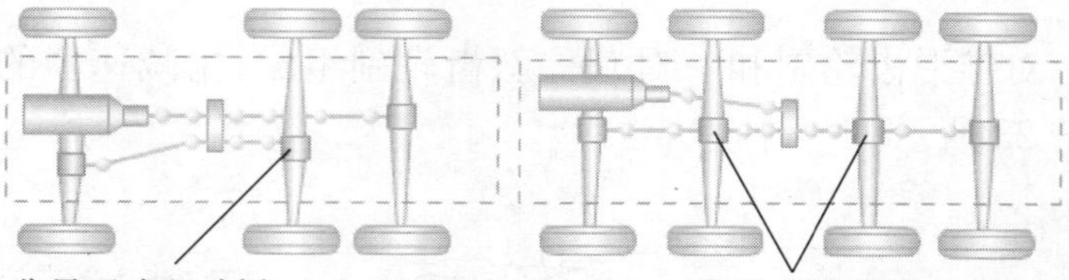

图 4－23　非贯通式驱动桥与贯通式驱动桥的布置简图

5. 单、双级减速配轮边减速器

在设计某些重型汽车、矿山自卸车、越野车和大型公共汽车的驱动桥时，由于传动系统总传动负荷大，为了使变速器、分动器、传动轴等总成所受载荷尽量小，往往将驱动桥的速比分配得较大。当主减速比大于 12 时，一般的整体式双级主减速器难以达到要求，此时常采用轮边减速器。这样，不仅使驱动桥的中间尺寸减小，保证了足够的离地间隙，而且可得到较大的驱动桥总传动比。另外，半轴、差速器及主减速器从动齿轮等零件由于所受载荷大为减小，使它们的尺寸可以减小。但是由于每个驱动轮旁均设一轮边减速器，使结构复杂，成本提高，布置轮毂、轴承、车轮和制动器较困难。

项目 4　调整变速驱动桥主减速器、差速器间隙

一、知识链接

1. 主减速器和差速器的功能

主减速器是传动系统中起降低转速，增大转矩作用的主要部件，当发动机纵置时，还具有改变转矩旋转方向的作用。主减速器的组成如图 4－24 所示。将主减速器布置在发动机动力向驱动轮

分流之前的位置，有利于减小其前端的传动部件（如离合器、变速器和传动轴等）所传递的转矩，从而减小这些部件的尺寸和质量。

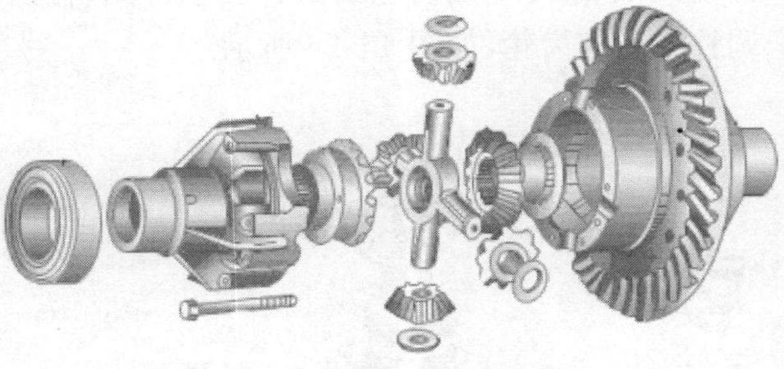

图4-24 主减速器

差速器是一个差速传动机构，可以使内外侧车轮以不同转速转动，适应汽车的转向要求。保证各驱动轮在各种运动条件下的动力传递，避免轮胎与地面间打滑。当汽车转弯行驶时，外侧车轮比内侧车轮所走过的路程长；汽车在不平路面上直线行驶时，两侧车轮走过的曲线长短也不相等；即使路面非常平直，但由于轮胎制造尺寸误差，磨损程度不同，承受的载荷不同或充气压力不等，各个轮胎的滚动半径实际上不可能相等。若两侧车轮都固定在同一刚性转轴上，两轮角速度相等，则车轮必然出现边滚动边滑动的现象。

为保证各个车轮都可能以不同的角速度旋转，驱动桥设置了差速器装置，它由主减速器从动齿轮驱动。

2. 变速驱动桥主减速器、差速器间隙的调整

大众桑塔纳2000主减速器主、从动锥齿轮总成的调整部位如图4-25所示。与理论上的 R 成比例的偏差 r，在生产过程中已经测量好了，并刻在从动锥齿轮的外侧。在拆卸变速器之前，最好测量齿面的平均间隙以及偏差 r。检修作业涉及影响主动锥齿轮和从动锥齿轮位置的零部件时，必须重新测量调整垫片S1、S2和S3的厚度。

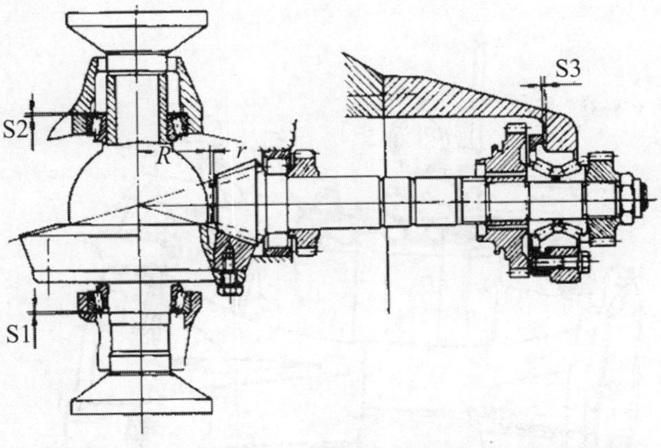

S1-调整垫片(从动锥齿轮一侧)； S2-调整垫片（从动锥齿轮相对的另一侧)；
S3-输出轴的调整垫片； R-主动锥齿轮理论上的尺寸(R=50.7 mm)；
r-与理论上的尺寸R成比例的偏差(偏差r用1/100 mm表示，如25表示r为0.25 mm)

图4-25 从动锥齿轮和主动锥齿轮总成的调整部位

3. 主动锥齿轮的调整

只要轴承支座、主动锥齿轮的后轴承、1挡齿轮的滚针轴承外圈、输出轴的后轴承外圈被更换，就必须通过调整垫片 S3 来调整主动锥齿轮，如图 4－26 所示。

图 4－26　主动锥齿轮的调整

4. 从动锥齿轮的调整

调整从动锥齿轮的注意事项：

(1) 最好在拆卸变速器之前，测量齿面的平均间隙。记下这个值，用于从动锥齿轮调整垫片的计算。

(2) 当主动锥齿轮、从动锥齿轮总成、变速器壳体、主减速器盖、差速器罩壳或轴承更换时，必需对从动齿轮进行调整，如图 4－27 所示。

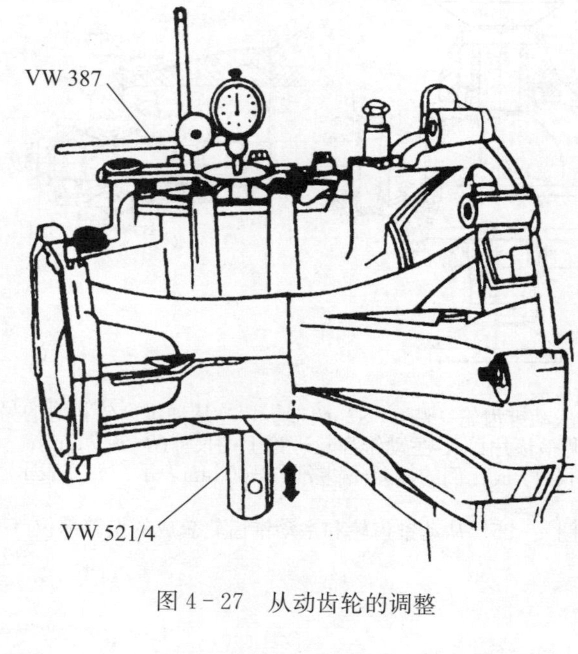

图 4－27　从动齿轮的调整

二、制定方案

根据情境导入中的案例，需要对汽车驱动桥中主减速器、差速器间隙进行调整。教师在组织教学的过程中，根据制定调整大众桑塔纳变速驱动桥主减速器、差速器间隙的实施方案，带领学生完成变速驱动桥主减速器、差速器间隙的调整工作，如表4-13所示。

表4-13 大众桑塔纳变速驱动桥主减速器、差速器间隙调整方案表

	大众桑塔纳主减速器、差速器间隙调整方案	
车辆信息描述	车辆描述	大众桑塔纳1.8 L，装备JV发动机，2P五速MT
	故障现象	客户反应此车行驶中驱动桥噪声大
设备/工具/耗材	大众桑塔纳乘用车手动变速器(带翻转架)一台，维修手册一本，变速器拆装专用工具(拉拔器、压力机、轴承压装工具等)，通用工具，集油盆，厚薄规，磁力表座，百分表，工作台	
安全要求及注意事项	1. 检查边缘是否有损坏，只准装入完好的调整垫片； 2. 每次修理必须更换密封垫圈和O形圈； 3. 轴油封装入前，在外径上涂上一层薄油，在唇形密封圈之间的空隙内填满润滑油脂，轴油封装入后，检查变速器的油面，必要时须添加到注油口边缘； 4. 接合面须保持清洁，密封剂应涂均匀，不要太厚，且通气孔应保持通畅； 5. 检查边缘是否有损坏，只准装入完好的调整垫片； 6. 要做到“三不落地”、现场保持5S标准	
操作步骤	1. 放净变速器内的齿轮油，并分解驱动桥，清洁所有零部件； 2. 组装差速器及从动锥齿轮总成； 3. 主动锥齿轮的调整： (1) 装上轴承文座的后轴承外围(无调整垫片)； (2) 装上轴承的保持架，用25 N·m的力矩拧紧螺栓； (3) 装上输出轴和外后轴承； (4) 将输出轴用铝质的夹具固定在台虎钳上. 装上螺母并用100 N·m的力矩拧紧； (5) 将变速器后盖装在轴承支座上，装上新的衬垫，用4个螺栓将其固定，注意后轴承应往里放至挡块处； (6) 通过测量，计算出调整垫片S3的厚度； 4. 从动锥齿轮的调整： (1) 拆下主减速器盖； (2) 拆下油封和差速器轴承的外圈，取出调整垫片； (3) 将轴承的外圈装在变速器壳体上，同时装上厚度为1.2 mm的标准(样板)垫片，注意：轴承的外圈应装入到挡块处； (4) 将另一侧轴承的外圈装在主减速器盖上，不用调整垫片，注意轴承的外圈应装入到挡块处； (5) 将没有车速里程表主动齿轮的差速器装在变速器壳体中； (6) 将主减速器盖装在变速器壳体上用25 N·m的力矩拧紧螺栓； (7) 装上专用工具，调节百分表； (8) 计算S总和=标准(样板)调整片厚度+测量值+压缩量； 5. 将与测量结果和安装压缩量的和(0.90 mm)一致的调整垫片连同轴承外圈一起装在主减速器盖上； 6. 将主减速器盖装在变速器壳上； 7. 将装配好的输入轴装入变速器壳体内，用4个螺栓固定(拧紧力矩为20N·m)； 8. 测量从动锥齿轮和主动锥齿轮的啮合间隙； 9. 计算调整垫片S2的厚度，S2=标准(样板)-平均间隙+抬起值； 10. 计算调整垫片S1的厚度，S1=S合计-S2；	

（续表）

	大众桑塔纳主减速器、差速器间隙调整方案
操作步骤	11. 拆下差速器和差速器轴承的外圈，将调整垫片 S1 装在主减速盖上，将调整垫片 S2 连同轴承外圈一起装在差速器壳上；将油封装在主减速器盖上和差速器壳上；装上车速里程表的主动齿轮和锁紧销；装上差速器，重新测量齿面间的啮合间隙； 12. 检查四个不同位置上的间隙，各次测量的间隙偏差应不超过 0.05 mm，如果调整垫片 S1 和 S2 装配正确，齿面间的平均间隙应在 0.1～0.2 mm 之间； 13. 检验、整理现场、完成工作

教师对学生进行分组，每组选出一个小组长，小组长根据小组成员任务分工不同，确定不同任务的责任人。小组成员任务的划分可以参考下面的小组任务分配表，如表 4－14 所示。

表 4－14　小组任务分配表

	小组任务	个人职责（任务）	小组成员
1	设备管理	主要负责拉拔器、压力机等专用工具的使用	
2	工具管理	主要负责工具的管理与清洁	
3	零部件管理	主要负责拆下的螺栓、零部件的整齐摆放与清洁	
4	主动锥齿轮的调整	调整主动锥齿轮	
5	从动锥齿轮的调整	调整从动锥齿轮	
6	间隙的测量与垫片厚度的计算	测量间隙、计算垫片厚度	

实训中如果没有该车型，可以参考大众桑塔纳变速驱动桥主减速器、差速器间隙调整方案表，并查阅该实训车型的维修手册，制定出该车型变速驱动桥主减速器、差速器调整方案，如表 4－15 所示。

表 4－15　变速驱动桥主减速器、差速器间隙调整方案表

	________乘用车变速驱动桥主减速器、差速器间隙调整方案	
车辆信息描述	车辆描述	
	故障现象	
设备/工具/耗材		
安全要求及 注意事项		

（续表）

	______乘用车变速驱动桥主减速器、差速器间隙调整方案
操作步骤	

三、实施

依据制定方案实施，并填写项目单，如表 4－16 所示。

表 4－16　实训结果项目表

请完成下列问题		
部件名称	检查内容	检查结果
调整垫片	锈蚀、裂纹、损伤、完好	
1. 主动锥齿轮和从动锥齿轮的啮合间隙是多少？		
2. 你所计算的垫片 S1、S2、S3 的厚度分别是多少？		

四、作业

1. 通过实训后完善本任务的实施方案。

2. 请想一想，变速驱动桥与后驱动桥的调整有什么不一样？

五、知识拓展

差速器按其用途可分为轮间差速器和轴间差速器。轮间差速器装在同一驱动桥两侧驱动轮之间，而轴间差速器装在多轴驱动汽车的各驱动桥之间。

无论是轮间差速器还是轴间差速器，按其工作特性都可分为普通齿轮式差速器和防滑差速器两大类。

1. 齿轮式差速器

当左右驱动轮存在转速差时，差速器分配给慢转驱动轮的转矩大于快转驱动轮的转矩，从而使转矩均分。这种差速器转矩的均分特性，能满足汽车在良好路面上正常行驶。

当汽车在坏路上行驶时，却严重影响通过能力。例如，当汽车的一个驱动轮陷入泥泞路面时，虽然另一驱动轮在良好路面上，汽车却往往不能前进（俗称打滑）。此时在泥泞路面上的驱动轮原地滑转，在良好路面上的车轮却静止不动。这是因为在泥泞路面上的车轮与路面之间的附着力较小，路面只能通过此轮对半轴作用较小的反作用力矩，因此差速器分配给此轮的转矩也较小，尽管另一驱动轮与良好路面间的附着力较大，但因平均分配转矩的特点，使这驱动轮也只能分到与滑转驱动轮等量的转矩。以致驱动力不足以克服行驶阻力，汽车不能前进，而动力则消耗在滑转驱动轮上。此时加大油门不仅不能使汽车前进，反而浪费燃油，加速机件磨损，尤其使轮胎磨损加剧。有效的解决办法是挖掉滑转驱动轮下的稀泥或在此轮下垫干土、碎石、树枝、干草等，提高附着力。

2. 防滑差速器

为提高汽车在坏路上的通过能力，某些越野汽车及高级乘用车上装置防滑差速器。防滑差速器的特点是，当一侧驱动轮在坏路上滑转时，能使大部分甚至全部转矩传给在良好路面上的驱动轮，以充分利用这一驱动轮的附着力来产生足够的驱动力，使汽车顺利起步或继续行驶。

检查与评估

1. 学生自我检查

学生通过对本任务的学习，独立结合实训车辆独立填写学习情况检查表（表 4－17），以检测自己对本任务学习的掌握情况。

表 4－17　学习情况检查表

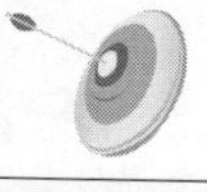	请仔细观察左图然后回答问题： 下列说法正确的画“√”，错误的画“×”	
	拆卸变速器后盖时，要用专用工具锁紧输入轴	
	不能用管钳一类的工具锁紧输入轴	
	拆卸变速器后盖时不必锁紧输入轴	
	拆卸变速器后盖时可用手握紧输入轴	

（续表）

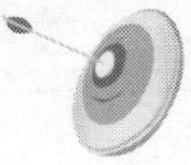	请仔细观察左图然后回答问题： 下列说法正确的画“√”，错误的画“×”	
	拆卸五挡同步器时要用专用工具	
	图中所示正在拆卸第五挡同步器	
	可以用撬棍轻轻撬下同步器	
	第五挡同步器是在输出轴上	
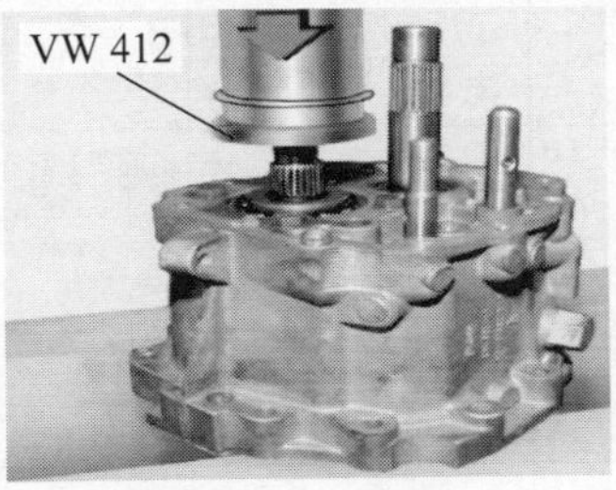	正在拆卸输出轴	
	要用专用工具 VW 412	
	正在拆卸换挡杆滑套	
	正在分解差速器	
	输入轴比输出轴长	
	输出轴上制有主动锥齿轮	
	输出轴上制有离合器片花键	
	输入轴上制有主动锥齿轮	
	正在测量主、从动齿轮之间的间隙	
	要用专用工具来取下轴承	
	正在分解变速器输入轴	
	正在分解齿轮变速机构	
	正在测量主、从动齿轮之间的间隙	
	要用磁力表座和百分表来测量	
	正在测量啮合印痕	
	可以用铁锤敲击来感觉间隙的大小	

2. 指导教师评估

指导老师在整个教学过程中，关注每个活动小组的工作过程以及小组成员的动手能力，并对小组成员动手能力进行考核，填入表 4－18。

表 4－18　指导教师评估表

	考核量化指标	分值(总分)	学生得分
1	能时刻注意自我的人身保护	10	
2	能时刻注意保护车辆安全	10	
3	工具使用熟练	10	
4	能够积极完成本职工作	10	
5	能够正确拆装驱动桥	10	
6	能够正确测量间隙	10	
7	能够使用专用工具拆装差速器	10	
8	能够完成实训结果项目表的填写	10	
9	能够完成学习情况检查表的填写	10	
10	每个项目完成后，作业的完成情况	10	
总计			

代跋

实施 EIS 平台战略、建立教产合作长效机制

——在全国机械职业教育教学指导委员会委员扩大会议上的发言

邹晓东　博士
全国机械职业教育教学指导委员会产教合作促进与指导委员会　主任委员
上海中锐教育投资(集团)有限公司　董事　总经理

中锐教育集团是总部设立在上海的教育投资、教育管理和教育服务机构，成立于 1996 年，迄今已有 17 年办学历史。我们先后投资兴办了多种不同类型的学校，包括无锡南洋职业技术学院、新加坡南洋现代管理学院、苏州外国语学校、合肥外国语学校，还有专门为在华外籍人士子女开设的伊顿国际学校等比较知名的学府。还协助政府开发、建设教育园区，如苏州高教园区、上海中锐教育港等。职业教育是中锐教育集团的核心和龙头。我们始终在研究如何为经济与社会发展提供更好的教育服务，如何为重点产业发展提供更有力的人才支撑。2007 年，中锐教育集团投资并创立“华汽教育”品牌，首先在汽车职业教育领域探索、实践，并取得阶段性的经验和成果。

把我们这几年的经验进行归纳，可以总结为以下三句话：“建立岗位人才标准、实施教产平台战略、落实两个支撑”。

首先，建立岗位人才标准。五年来，我们与大型汽车企业一起研究、开发和制订企业岗位人才标准，并将岗位标准导入职业教育的教学标准，以此为基准构建标准化的人才培养体系，包括符合行业和企业需求的人才能力模型和培养标准、符合教育和认知规律的培养计划和课程、立体化的教材、课件、仿真软件系统、师资标准和认证，以及企业级的校内实训中心建设，组织开展独具特色的全国性学生技能大赛，等等。我们每年举办的“华汽教育教学研讨会”，已经成为中锐与全国合作企业、合作院校共同推动定标、贯标、教改、课改的一种有效机制和传统。部分企业岗位标准正在上升为行业标准。

实施 EIS 平台战略。我们将汽车职业教育利益关联的若干特定群体，包括教育者和供给者(院校)、学习者(学生)、使用者(企业)等，联结在“华汽教育”的平台上并促进其交流和互动；今天，该平台上已经有全国 40 所高职院校、50 家全国性的大型汽车企业集团(我们牵头创建了 50club 全国汽车企业人力资源发展联席会议)，而为学习者提供职业发展和终身教育服务的“中锐汽车人才网”则联系着数万名在校生和几十万名在职学习者。“共同办学、共同育人、共同投资、共同发展”，办学规模和办学质量不断提升，“华汽教育”全国院校已经成为我国汽车行业高素质高技能人才输出的重要平台。

EIS 平台正在继续纵深发展：2013 年，我们与中国最大的汽车集团之一的庞大集团、合资设立

的大型培训基地——河北庞锐汽车商学院已经开学，该基地专门为全国院校汽车专业高年级学生提供 3—6 个月岗前培训和向大型企业集团规模输出高素质高技能毕业生，目标年培训 1 万人次。2013 年，专门为中职院校和中职学生量身定制的“优卡曼”项目也正式推出，首批 11 所院校已签约。我们将紧抓岗位标准、全面升级和推出第三代华汽课程体系；在全国 100 所高职或中职院校投资建设实训中心；与汽车行业共同打造三到四个大型、区域性培训基地，全面对接大型汽车企业集团的全国布局和人才需求。

落实两个支撑，即落实教育国际化支撑和教育信息化支撑以促进持续提升。中锐教育集团在 1999 年就获得了教育部颁发的全国首批出国留学服务资质，14 年来，在帮助数以万计的学子出国深造的同时，也积极开展国际教育合作，持续学习、借鉴、引进国际先进教育资源、先进教育理念和方法；在汽车职业教育领域，重点学习和借鉴德国双元制职业教育模式和美国社区学院的学历衔接模式。同时，我们深刻认识到教育信息化，既是手段，也是目的；2012 年 7 月，中国第一家专业研发汽车仿真实训软件的沈阳敏捷科技公司整体加入中锐教育集团；2012 年 10 月，“华汽教育全国院校教研平台”建设项目正式启动；2012 年 12 月，“华汽教育中央演播室”建设项目正式启动。

2010 年 10 月 11 日，中锐教育集团荣获“全国汽车行业示范职教集团”称号；2010 年 12 月 13 日，教育部副部长鲁昕女士亲自为中锐教育集团与辽宁装备制造职业技术学院共建的“中锐汽车学院”揭牌；2011 年，中锐教育集团又先后荣膺“全国商业服务业校企合作与人才培养优秀企业”和“全国服务外包人才培养校企合作贡献奖”；2011 年，共有 11 名华汽教师获得“全国教师教学能力竞赛”大奖，全国高职高专校长联席会和教育部职成司领导专门为教师颁奖并祝贺。2012 年 4 月，中锐教育集团举办第二届“中锐杯”全国职业院校汽车专业学生技能大赛，参赛院校 134 个，规模空前。2012 年 12 月，中锐教育集团荣膺“新浪教育盛典全国最具品牌知名度职教集团”。

我国正处于发展实体经济和发展职业教育的最佳时期。中锐教育集团将继续不懈努力，将“华汽教育”教产合作平台模式从规模、范围、质量、效益等多个维度上推向新的高度；借鉴“华汽教育”已取得的教产合作经验，中锐教育集团将为社会、行业和院校奉献更多的优秀产品和服务。

2013 年 4 月 13 日

中锐教育集团与上海通用汽车公司签订ASEP合作项目

中锐教育集团与上海大众汽车公司签订SCEP合作项目

中锐教育集团华汽学子自主研制“中锐1号”赛车参加“第三届”中国大学生方程式汽车大赛

《东方卫视》现场采访中锐教育集团合作伙伴AHK德方负责人Jan Noether博士

中锐教育集团与南京依维柯汽车公司签订战略合作协议

中锐教育集团与中国汽车工业国际合作总公司签订人才合作协议

中锐教育集团成功承办“2011年教育部全国高职高专第二届汽车系主任论坛”

中锐教育集团成功举办“2012中国上海·职业教育合作高峰论坛”

中锐教育集团成功承办“2013年全国机械职业教育教学指导委员会扩大会议”

中锐教育集团连续举办“中国汽车经销商企业人力资源发展联席会议”

中锐教育集团牵手全国排名第一的大型汽车企业一庞大汽贸集团共建庞锐汽车商学院

中锐教育集团每年举办“全国华汽教育教学工作研讨会”

中锐教育集团每年举办“全国华汽教育师资培训”

中锐教育集团成功举办“2013第三届中锐杯全国职业院校汽车专业学生技能大赛”（江西南昌）

中锐教育集团成功举办“2011年全国高等学校汽车专业学生职业技能大赛”（江西南昌）

中锐教育集团成功举办“2012年全国高等学校汽车专业学生职业技能大赛”（江苏南京）